MASHALLAH

Dieses Buch führt für alle verständlich in die Grundlagen des Islams ein, die in dieser großen Weltreligion seit frühester Zeit eine Rolle spielen. Zugleich zeigen Lamya Kaddor und Rabeya Müller, wie vielfältig der Islam heute ist. Sie porträtieren einen im Kern liberalen, toleranten und weltoffenen Islam, ohne die Probleme zu verschweigen, die gerade jungen Musliminnen und Muslimen zu schaffen machen und die Integration erschweren, wie patriarchalische Familienstrukturen oder ein wortwörtliches Verständnis des Korans. Die sympathisch-frechen Zeichnungen von Alexandra Klobouk veranschaulichen die Stationen der Pilgerfahrt, Gebetshaltungen oder den Aufbau einer Moschee, aber auch Reizthemen wie Homosexualität im Islam, Kopftücher und weibliche Imame.

Lamya Kaddor, Islamwissenschaftlerin, hat sich als Pionierin der islamischen Religionspädagogik einen Namen gemacht. Sie war erste Vorsitzende des Liberal-Islamischen Bundes und wurde mit dem «European Muslim Women of Influence Award» ausgezeichnet. Seit 2021 ist sie Mitglied des Deutschen Bundestags.

Rabeya Müller, islamische Theologin und Religionspädagogin, ist stellvertretende Vorsitzende des Zentrums für islamische Frauenforschung und Frauenförderung, Gründungsmitglied des Liberal-Islamischen Bundes und nimmt daneben weitere Aufgaben in Politik und Gesellschaft wahr.

Alexandra Klobouk, Kulturillustratorin, ist Meisterschülerin an der Kunstschule Berlin-Weißensee. Nach einem längeren Aufenthalt in Istanbul arbeitet sie in Berlin und Lissabon. Sie ist Mitglied der «Sozialhelden» sowie der Band «God help the Girl». Ihre Bildergeschichte «Polymeer. Eine apokalyptische Utopie» wurde von der Stiftung Buchkunst ausgezeichnet.

Der Islam

für Kinder und Erwachsene

Erklärt von Lamya Kaddor
und Rabeya Müller
Illustriert von Alexandra Klobouk

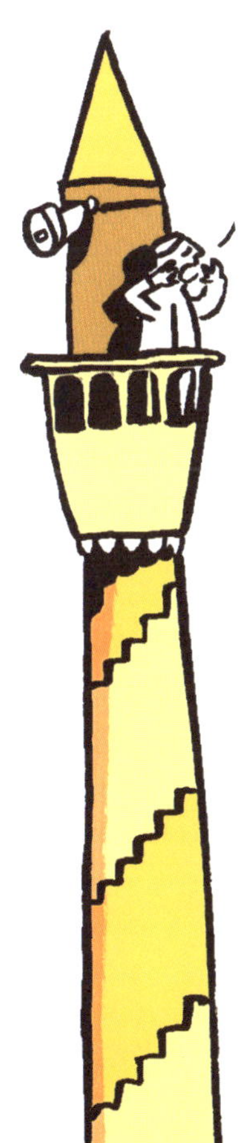

C.H.Beck

Dieses Buches erschien zuerst 2012
in gebundener Form im Verlag C.H.Beck.

Der Verlag dankt Paula Gillmann, Greifswald,
für die Aktualisierung dieser Neuausgabe.

1., aktualisierte Auflage in C.H.Beck Paperback. 2023

www.chbeck.de
Gesetzt aus der Linux Libertine und der Kobolt
bei Fotosatz Amann, Memmingen
Die Kobolt wurde von Fotosatz Amann für dieses Buch
aus der Handschrift von Alexandra Klobouk entwickelt.
Druck und Bindung: Pustet, Regensburg
Umschlaggestaltung: Alexandra Klobouk und Konstanze Berner
Umschlagabbildung: Alexandra Klobouk
Gedruckt auf säurefreiem, alterungsbeständigem Papier
Printed in Germany
ISBN 978 3 406 80709 1

myclimate
klimaneutral produziert
www.chbeck.de/nachhaltig

Inhalt

5. Die Scharia, das islamische Recht

6. Muhammad, der Gesandte Gottes

7. Frauen und Männer

8. Tradition und Kunst

9. Der Islam und die Anderen

10. Der Islam und die Politik

11. Alles Muslim oder was?

Anhang

1. Viele Namen, ein Gott

Über Gott und die Welt

Seit jeher fragen Menschen nach ihrer Herkunft, nach dem Ursprung des Universums, nach dem Sinn des Lebens. Der Islam lehrt wie viele andere Religionen, dass Gott der Schöpfer allen Seins ist. Das arabische Wort *allāh*, oder in genauerer Umschrift der arabischen Buchstaben: *al-ilāh*, bedeutet einfach «der Gott». Nicht nur die Muslime in aller Welt, sondern auch die Christen in arabischen Ländern beten zu «Allah».

Gott ist für die Muslime der Schöpfer der Himmel und der Erde. Er war schon vor allem Anfang da, er ist selbst niemals erschaffen worden und wird ewig bestehen. Im Koran, in dem Gott zu den Gläubigen spricht, heißt es: *Dies ist er: Ihm gehört das Königreich der Himmel und der Erde, er hat kein Kind und teilt seine Herrschaft mit niemandem. Alles hat er geschaffen, und allen Dingen hat er dabei das richtige Maß gegeben. (Sure 25: Vers 2)*

Gott hat alles erschaffen: die Erde, das Wasser, das Feuer, den Himmel – oder besser: die Himmel, denn nach einer islamischen Überlieferung gibt es sieben Himmel – und alle Lebewesen, egal, ob sie für den Menschen sichtbar sind wie Pflanzen und Tiere oder unsichtbar wie die Dämonen, die «Dschinn» genannt werden, und die zahlreichen Engel. Außerdem hat Gott auch das gesamte Universum mit den Planeten und den Gestirnen geschaffen. Allerdings bleibt es im Koran offen, ob es auch Leben außerhalb der Erde gibt.

Ähnlich wie im Judentum und im Christentum glauben die Muslime daran, dass Engel die Diener Gottes sind. Sie gelten als Wesen, die aus Licht erschaffen wurden und die Gott gegenüber absolut loyal sind. Damit ist die Vorstellung verbunden, dass sie keinen eigenen Willen haben und anders als andere Lebewesen keine Triebe besitzen, das heißt keinen Hunger haben und sich nicht fortpflanzen wollen. Der Islam kennt vier Erzengel, deren Namen die meisten Muslime kennen: Dschibrail (Gabriel) als Botenengel, Mikail (Michael) als Engel für Naturereignisse, Israfil (Raphael) als Engel des Jüngsten Gerichts und Azrail als Todesengel. Es gibt noch weitere Engel, die den Erzengeln unterstehen. Diese sind beispielsweise Schutzengel oder die beiden Grabesengel mit Namen Munkar und Nakir.

Im Koran heißt es, dass Gott zunächst die Engel und die Dschinn erschuf und zum Schluss den ersten Menschen *(adām)*. Danach befahl Gott den Engeln und einem Dschinn namens Iblis, sich niederzuwerfen und so ihren Respekt vor der göttlichen Schöpfung zu zeigen. Die Engel taten, wie ihnen befohlen war. Doch weigerte sich Iblis, sich vor dem Menschen zu verbeugen. Denn Gott habe ihn aus dem Element Feuer erschaffen und nicht wie den Menschen aus feuchter Erde. Iblis widersetzte sich also dem göttlichen Willen, weil er glaubte, besser als der Mensch zu sein. Gott verfluchte daraufhin Iblis und verbannte ihn aus dem Paradies in die Hölle. Seitdem hat es sich der Teufel zur Aufgabe gemacht, alle Menschen zu schlechten Taten zu verführen, damit sie einst von Gott als dem obersten Richter ebenfalls in die Hölle geschickt werden. Den Koran durchziehen daher eindringliche Mahnungen, sich gut zu verhalten, um ins Paradies und nicht in die Hölle zu kommen.

Jedes Lebewesen auf der Erde wird geboren und muss sterben. Alles hat einen Anfang und ein Ende, nur Gott unterliegt nicht diesen menschlichen Vorstellungen. Für ihn gelten eigene Maßstäbe, die wir Menschen letztlich nicht verstehen können. Deshalb ist es für Muslime völlig ausgeschlossen, dass Gott Kinder haben könnte. Im Koran heißt es: *Sag: «Er ist Gott, ein Einziger. Gott ist der ewig Lebende. Er hat weder Kinder gezeugt, noch ist er selbst gezeugt worden. Nichts und niemand ist ihm gleich.» (112:1–4)*

Der Platz Gottes ist der majestätische Thron im Paradies. Muslime stellen sich wie etwa auch die Christen das Paradies als einen wunderschönen Garten vor, in dem es sich sorglos leben lässt. Goldene Betten, köstliche Getränke und Speisen, hilfreiche Diener gibt es dort. Es mangelt an nichts. Über Gott und seinen Thron im Paradies heißt es im berühmten «Thronvers» im Koran: *Er heißt Gott. Es gibt keinen anderen Gott außer ihm. Er ist lebendig und ewig da. Er kennt weder Schlummer noch Schlaf. Ihm gehört alles, was im Himmel und auf der Erde ist. Wer hätte das Recht, ihn ohne seine Erlaubnis um Verzeihung zu bitten? Er weiß sogar, was sich in ihren Händen befindet und was sich hinter ihnen versteckt. Die Menschen wissen nichts über sein Wissen, nur das, was er will. Sein Thron umfasst Himmel und Erde. Es fällt ihm nicht schwer, sie zu beschützen, denn er ist der Hohe und Gewaltige. (2:255)* Der Thronvers wird auch als der «Herrscher aller Koranverse» bezeichnet. Die Muslime rezitieren ihn oft als Schutzvers, um sich vor Gefahren und bösen Mächten zu schützen. Der Vers macht klar, dass Gott immer wacht und dass er der Allwissende ist, dem nichts in seiner Schöpfung verborgen bleibt.

Über Gott weiß ein Muslim nur das, was jener im Koran von sich selbst preisgegeben hat. Dazu gehört auch die Zusicherung, dass Gott für seine Schöpfung Verantwortung übernimmt und sich ihr gegenüber zur Barmherzigkeit verpflichtet hat: *Sag: «Wem gehört das, was im Himmel und was auf Erden ist?» Sag: «Gott, er hat sich selbst Barmherzigkeit mit seiner Schöpfung auferlegt.» (6:12)*

Um mit Gott in Verbindung zu treten, braucht ein Muslim keinen Vermittler. Er kann sich direkt an Gott wenden, weil Gott dem Menschen nahe ist, näher als dessen Halsschlagader: *Wir erschufen den Menschen, und wir wissen, was er in seinem Innern denkt und fühlt. Wir sind ihm näher als seine Halsschlagader. (50:16)* Und so kann der Mensch Gott jederzeit um Hilfe oder Beistand bitten: *Wenn dich meine Diener nach mir fragen, so bin ich da, und ich erhöre den Rufenden, wenn er mich ruft. Sie sollen nun auf mich hören, und sie sollen an mich glauben, damit sie einen guten Lebenswandel zeigen. (2:186)*

Die 99 Namen Gottes

Gott ist nicht menschenähnlich, dennoch besitzt er Eigenschaften, mit denen der Mensch sein Wesen begreifen und beschreiben kann. Diese Eigenschaften fassen Muslime mit den 99 Namen Gottes zusammen: 99 festgelegte Beinamen, die «die schönsten Namen Gottes» *(al-asmāʾ al-husnā)* genannt werden und beschreiben, wie Gott für die Menschen wirkt. So ist er beispielsweise der «König» *(al-malik)*, der «Frieden» *(as-salām)*, der «Milde» *(al-halīm)*, aber eben auch der sich «Rächende» *(al-muntaqim)*, der «schnell im Abrechnen» *(sarīʿ al-hisāb)* ist.

Die 99 schönsten Namen Gottes sind für Muslime wichtig, und Gott fordert die Gläubigen im Koran auf, ihn mit seinen Namen zu rufen: *Er ist Gott, außer dem es keinen Gott gibt, der über das Unsichtbare und das Sichtbare Bescheid weiß. Er ist der sich Erbarmende, der Barmherzige. Er ist Gott, außer dem es keinen Gott gibt. Er ist der König, der Heilige, der Inbegriff des Friedens, der Stifter der Sicherheit, der alles fest in der Hand hat, der Mächtige, der Gewaltige, der Stolze. Gelobt sei Gott! Er ist erhaben über das, was sie ihm beigesellen. Er ist Gott, der Schöpfer, der Erschaffer, der Bildner. Sein sind die schönsten Namen. Ihn preist, was im Himmel und auf der Erde ist. Er ist mächtig und weise. (59:22–24)*

Im Koran werden über neunhundertmal immer wieder seine Namen genannt. Dabei werden zwei Eigenschaften besonders häufig erwähnt: Die Barmherzigkeit *(ar-rahmān)* und die Gnade *(ar-rahīm)*. Der Mensch ist auf die Barmherzigkeit und die Gnade Gottes angewiesen, er kann ihn in schwierigen Situationen preisen und darauf hoffen, dass er sein Gebet und seine Hilferufe hört. So erinnern sich Muslime vor Beginn jeder wichtigen Handlung an die Gnade und Barmherzigkeit Gottes. Dies machen sie mit den arabischen Worten *bismillāhi r-rahmāni r-rahīm*, «Im Namen Gottes, des Gnädigen und Barmherzigen», deutlich.

Gottesgleichnisse. Der Mensch kann sich Gott nicht vorstellen, hat aber ein großes Bedürfnis danach. Damit der Mensch sich ein Bild machen kann, stehen im Koran Gleichnisse. Das wohl schönste und bekannteste Gottesgleichnis ist der sogenannte «Lichtvers»: *Gott ist das Licht über Himmel und Erde. Sein Licht gleicht einer Lampe, die in einer Nische hängt. Die Lampe befindet sich hinter Glas, als ob sie ein strahlender Stern wäre. Sie wird von einem gesegneten Olivenbaum angezündet, den es weder im Osten noch im Westen gibt. Sein Öl leuchtet schon fast, ohne dass es überhaupt vom Feuer berührt worden wäre: Licht über Licht! Gott führt zu seinem Licht, wen er will, und er schenkt den Menschen Gleichnisse. Gott weiß über alles Bescheid. (24:35)*

Gott vergleicht sich mit dem Licht, das notwendig für unser Leben ist. Das Licht steht auch für Erkenntnis, für Aufklärung, für Wissen und für Macht. Allerdings verdeutlicht uns das Gleichnis, dass Gott zwar wie das Licht ist, das wir kennen, aber eben doch ein Licht, das es nirgendwo auf der Welt gibt. Er ist das Licht, aber ist es gleichzeitig doch nicht.

Gott vergleicht sich sogar mit einer Mücke: *Siehe, Gott scheut sich nicht einmal, etwas durch ein Gleichnis mit einer Mücke zu erläutern oder mit etwas noch Kleinerem. Gläubige Menschen wissen, dass von Gott nur die Wahrheit kommt. Diejenigen, die ihn verleugnen, sagen vielleicht: «Was will Gott denn mit diesem Gleichnis?» Er lässt zu, dass viele sich irren, und er lässt viele den richtigen Weg gehen. Aber er lässt nur diejenigen irregehen, die Sünder sind. (2:26)*

Mit diesem Vergleich will Gott zeigen, dass selbst aus einem winzigen und scheinbar nutzlosen Geschöpf, nämlich einer Mücke, Erkenntnis gewonnen werden kann. Einige Menschen werden die wundervolle Beschaffenheit und den Nutzen einer Mücke erkennen und damit der Wahrheit einen Schritt näher gekommen sein, andere wiederum sehen in der Mücke einfach nur ein lästiges Tier.

Der 100. Name. Nach muslimischer Auffassung kennt niemand den hundertsten Namen Gottes. Viele Muslime, besonders jene der mythischen Ausrichtung, beschäftigen sich ihr Leben lang mit der Frage, wie der unbekannte Name lauten könnte, und erhoffen sich als Lohn für seine Entdeckung das ewige Paradies. Auch der große deutsche Dichter Johann Wolfgang von Goethe suchte nach diesem Namen und schlägt in seinem Buch «West-östlicher Diwan» eine Antwort auf die ewige Frage vor: der «Gerechte»:

Er, der einzige Gerechte,
Will für jedermann das Rechte.
Sei von seinen hundert Namen
Dieser hochgelobet! Amen.

DIE FÜNF SÄULEN DES ISLAMS

1. DAS GLAUBENSZEUGNIS

2. DAS GEBET

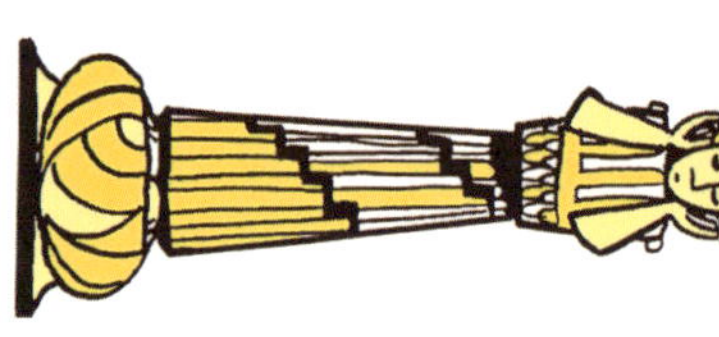

3. DAS FASTEN

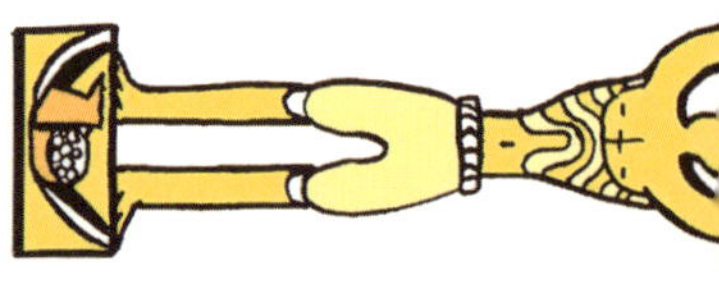

4. DIE PFLICHTABGABE

5. DIE PILGERFAHRT

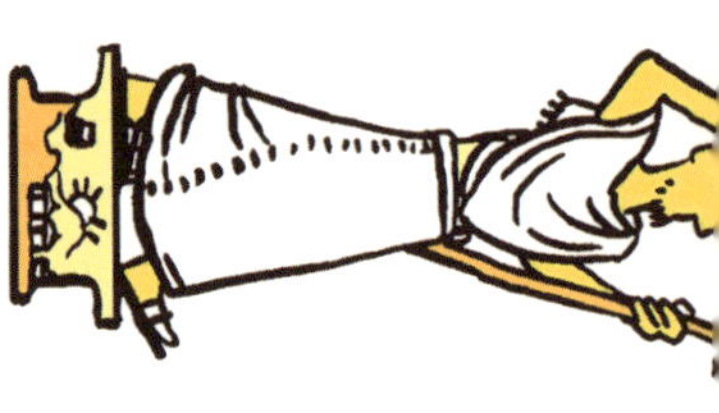

2. Fünf Säulen, ein Glaube

Jeder Muslim muss fünf Pflichten erfüllen: Er muss seinen Glauben bezeugen, regelmäßig beten, im Fastenmonat Ramadan fasten, einen Anteil von seinem Vermögen oder Einkommen abgeben und nach Möglichkeit einmal im Leben nach Mekka pilgern. Diese fünf Pflichten nennt man die Fünf Säulen des Islams. Sie sind in allen islamischen Glaubensrichtungen im Wesentlichen gleich.

Das Glaubenszeugnis

Der Islam ist eine der größten Religionen dieser Welt, er hat mehr als 1,4 Milliarden Anhänger. Muslimin bzw. Muslim ist man entweder durch Geburt oder durch Übertritt zum Islam. Wer ohne oder in eine andere Religion geboren worden ist, kann sich auch noch später, wenn er erwachsen ist, für den Islam entscheiden.

Wenn der Mensch nun glaubt, dass Gott der Schöpfer aller Dinge ist und es nur diesen einen Gott gibt und dass außerdem Muhammad der Gesandte Gottes ist, dann kann er davon Zeugnis ablegen. Dieses Glaubenszeugnis *(schahāda)* ist die erste Säule des Islams. (Später wurde dann das Glaubenszeugnis ausgeweitet, auf Gottes Propheten allgemein, seine Engel, seine Bücher und anderes). Die Schahada lautet auf Arabisch: *aschhadu an lā ilāha illā llāh wa-(a)schhadu anna muhammadan rasūlu llāh.* Übersetzt heißt sie: «Ich bezeuge, dass es keinen Gott außer Gott selbst gibt, und ich bezeuge, dass

Mit diesem Ritus wird ein Neugeborenes in die muslimische Gemeinschaft aufgenommen. Das Glaubenszeugnis wird in das linke Ohr gesprochen, der Gebetsruf in das rechte.

Muhammad der Gesandte Gottes ist.» Zwar lernen schon Kinder diese Formel, aber der Gläubige muss sie in vollem Bewusstsein sprechen. Oft bekennen sich Menschen auch erst als Erwachsene zu Gott und Muhammad. Diese Konvertiten sprechen das Glaubenszeugnis bei ihrem Übertritt vor zwei erwachsenen Zeugen und gelten von da an als Muslime. Manchmal erhalten sie von den Moscheegemeinden auch eine Bescheinigung darüber, dass sie dieses Zeugnis abgelegt haben.

Das Gebet

In den Moscheen wird das fünfmalige Gebet *(salāh)*, das nach dem Glaubenszeugnis die zweite Säule des Islams darstellt, abgehalten, und zwar ganz unabhängig davon, wie viele Menschen gerade dort sind. Vorgebetet wird meist von der Person, die den Koran am besten vortragen kann.

Grundsätzlich gilt, dass fünfmal pro Tag gebetet werden soll. Im Islam beginnt der Tag mit dem Sonnenuntergang, deshalb gilt das Abendgebet *(maghrib)*, bestehend aus drei Pflichtgebetseinheiten *(rakaʿa)* und zwei freiwilligen Gebetseinheiten, als das erste Gebet. Es folgt das Nachtgebet *(ʿischāʾ)*, das aus vier Pflichteinheiten, zwei freiwilligen sowie den drei *witr*-Gebetseinheiten (*witr* = «ungerade Anzahl») besteht. Die Zeit für das Morgengebet *(fadschr)* – das sind zwei Pflicht- und zwei freiwillige Gebetseinheiten – beginnt mit der Morgendämmerung, die für das Mittagsgebet *(dhuhr)* kurz nachdem die Sonne ihren höchsten Stand erreicht hat. Das Mittagsgebet besteht aus vier freiwilligen Gebetseinheiten, vier Pflichtgebetseinheiten und nochmals zwei freiwilligen Gebetseinheiten. Die Zeit für das Nachmittagsgebet *(ʿasr)*, bestehend aus vier Pflichtgebetseinheiten, lässt sich nicht ganz eindeutig bestimmen. Man hat sich weitgehend darauf geeinigt, dass diese Zeit dann gekommen ist, wenn der Schatten eines senkrechten Gegenstandes so lang ist wie die Summe aus der Schattenlänge am Mittag und der realen Länge des Gegenstandes.

Allāhu akbar*
Hayya âlā s-salāh
Hayy âlā l-falāh

*Gott ist größer!
Kommt zum Gebet!
Kommt zum Dienst!

Aschhadu an*
lā ilāha illā llāh
wa-aschhadu anna
Muhammadan rasūlu llāh

* Ich bezeuge, dass es keinen
Gott gibt außer Gott selbst,
und ich bezeuge, dass Muhammad
der Gesandte Gottes ist!

Jede Gebetseinheit beginnt damit, dass die Absicht *(niyya)* gefasst wird, jetzt zu beten. Der Betende stellt sich mit dem Gesicht in Richtung Mekka auf, hebt die Hände bis zu den Ohren und spricht: «Gott ist größer» *(allāhu akbar)*, also größer als alles andere, was wir Menschen benennen können. Dann werden die Hände vor der Brust verschränkt, und die Eröffnungssure *(al-fātiha)* wird gebetet, es folgt ein beliebig großer Teil einer weiteren Sure. Dieser Teil des Gebets wird «im Stehen» *(qiyām)* genannt. Darauf folgt die Beugung *(rukūʿ)*. Hierbei berühren die Hände die Knie, und es wird mindestens dreimal die Lobpreisung *«subhāna rabbiya l-ʿadhīm»* («Gepriesen sei mein Herr, der gewaltig ist») ausgesprochen. Dann richtet man sich wieder auf und antwortet auf die Aussage des Vorbeters *«samiʿa llāh li-man hamida»* («Gott hört den, der ihn lobpreist») laut oder leise mit den Worten *«rabbanā wa-laka l-hamd»* («Unser Herr, dir gebührt alles Lob»). Dann erfolgt die zweimalige Niederwerfung *(sadschda)*, bei der Stirn, Nase, Handflächen, Knie und Zehenspitzen den Boden berühren, und man spricht mindestens dreimal: *«subhāna rabbiya l-aʿlā»* («Gepriesen sei mein Herr, der Höchste»). Hier endet eine Gebetseinheit *(rakʿa)*.

Je nachdem, aus wie vielen Gebetseinheiten das jeweilige Gebet besteht, wird anschließend auf dem Boden sitzend weitergebetet und der erste und nach weiteren zwei Gebetseinheiten der erste und zweite *taschahhud* (ein erweitertes Glaubenszeugnis) gesprochen. Zum Schluss kommt der Gruß *(taslīm)* nach rechts und links mit dem Friedensgruß *«as-salamu ʿalaykum wa-rahmatu llāh»*, «Friede sei mit euch ...». Jedes Gebet besteht aus mindestens zwei Gebetseinheiten.

Es gibt Pflichtgebete und Gebete, die als Sunna (siehe Kapitel 3) gelten, weil der Prophet sie stets betete. Diese rituellen Gebete sollen nach Möglichkeit in Arabisch abgehalten werden. Solange die Betenden den arabischen Wortlaut noch nicht kennen, können sie in ihrer Muttersprache beten. Trotzdem sollte sich jeder Muslim bemühen, die arabischen Texte zu erlernen. Dem rituellen Teil schließt sich meist ein Bittgebet *(duʿāʾ)* an, das der betende Mensch ganz individuell gestalten kann und auch in der Sprache spricht, die ihm am liebsten ist.

Neben dem fünfmaligen täglichen Pflichtgebet und dem Gemeinschaftsgebet am Freitag gibt es noch andere Gebete, die gern in der Moschee absolviert werden, allen voran das Tarawih-Gebet (von arabisch *tarāwīh:* «Erholung, Ruhe-

DER ABLAUF DES GEBETS

mind. 2x

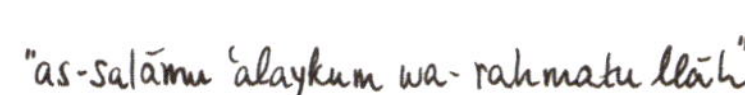

pause») im Monat Ramadan (siehe S. 22), das abends mit dem Nachtgebet verbunden wird. Die meisten Gemeinden bemühen sich, dass während dieser neunundzwanzig- oder dreißigtägigen Fastenzeit der Koran einmal in seiner gesamten Länge rezitiert wird. Viele laden hierfür besonders geschulte Rezitatoren ein. Zur Feier des Ramadan-Endes gibt es ein besonderes Festgebet.

Ein sehr beliebtes Gebet ist auch das «Entscheidungsgebet» *(istichāra)*. Es wird von vielen Menschen gesprochen, die sich durch Gott eine Eingebung oder einen Hinweis, eine Entscheidungshilfe für eine besondere Lebenssituation erhoffen.

Das Gebet gilt grundsätzlich als ein vertrauliches Gespräch mit Gott, das der großen Nähe zu Gott noch einmal einen besonderen Rahmen verleiht. Außerdem sehen viele darin auch eine Möglichkeit, innerlich zur Ruhe zu kommen, bevor sie sich wieder in die Hektik des Alltags stürzen. Nach einigen religiösen Rechtsschulen können bei Bedarf bestimmte Gebete (zum Beispiel Mittags- und Nachmittagsgebet) zusammengezogen oder auch nachgeholt werden. Obwohl sich viele bemühen, die Gebete zur vorgeschriebenen Zeit zu absolvieren, ist das nicht immer möglich. So kann ja zum Beispiel eine Chirurgin nicht einfach eine Operation unterbrechen. Abgesehen von der Möglichkeit, Gebete nachzuholen, gibt es für einzelne Gebetszeiten größere Zeitspannen, die auch nach strengen Vorstellungen ausgeschöpft werden können.

Die Gebetswaschung. Das Gebet ist nach gängiger Meinung dann gültig, wenn der Gebetsort, die Kleidung und der Körper rein sind. Deshalb gehört zur Vorbereitung auf das Gebet nicht nur eine bestimmte innere Einstellung, sondern auch eine gewisse rituelle Reinheit. Die Waschung vor dem Gebet (arabisch *wudū'*, türkisch *abdest*) sollte unter fließendem Wasser erfolgen. Der Gläubige wäscht zunächst die Hände bis zu den Handgelenken, spült Mund und Nase, wäscht sein Gesicht und dann die Unterarme einschließlich der Ellbogen, streicht sich über Kopf und Hals und wäscht sich zum Schluss die Füße einschließlich der Knöchel.

Wann eine solche Waschung notwendig ist, wird in verschiedenen Rechtsschulen unterschiedlich betrachtet. Einig sind sich alle, dass dies immer nach einem Toilettengang oder nach dem Schlafen der Fall ist. Einige Rechtsschulen

DIE RITUELLE WASCHUNG

Reinigungsbrunnen (meist im Hof oder vor der Moschee)

Wudū: Die rituelle Waschung vor dem Gebet

1. r. + l.

2.

3.

4. r. + l.

5.

6. r. + l.

Gibt es kein Wasser – zum Beispiel in der Wüste –, verwendet man zum Waschen stattdessen:

Kiesel oder Sand

Beim Gebet tragen Musliminnen den Hidschab und viele Muslime die Takke meinen, dass die Waschung auch dann notwendig ist, wenn jemand einer Person des anderen Geschlechts die Hand gegeben oder diese auch nur berührt hat.

Einig sind sich die meisten Rechtsschulen auch darin, dass nach dem Geschlechtsverkehr, nach einer Ejakulation beim Mann und nach der Geburt eines Kindes oder nach der Menstruation bei Frauen eine Vollwaschung *(ghusl)* notwendig ist, das heißt vom Scheitel bis zu den Fußsohlen einschließlich des Genitalbereichs.

Das Fasten im Ramadan

Das islamische Jahr besteht aus zwölf Monaten zu neunundzwanzig oder dreißig Tagen. Jeder Monat entspricht einem Mondzyklus von Neumond zu Neumond, darum wird auch vom islamischen Mondjahr gesprochen. Die Namen der islamischen Monate lauten:

1. Muharram
2. Safar
3. Rabīʿu l-awwal
4. Rabīʿu th-thānī
5. Dschumāda l-ūlā
6. Dschumāda th-thāniya
7. Radschab
8. Schaʿbān
9. Ramadān
10. Schawwāl
11. Dhū l-qaʿda
12. Dhū l-hidscha

Das islamische Mondjahr ist meist zehn bis elf Tage kürzer als das bei uns geläufige Sonnenjahr. Der Anfang und das Ende richten sich jeweils nach dem Neumond, also dem Tag, an dem der Mond gar nicht zu sehen ist bzw. die erste dünne Mondsichel *(hilāl)* des zunehmenden Mondes wieder sichtbar wird.

Das ist wichtig für den Monat Ramadan, den 9. Monat des Islamischen Jahres, denn es bedeutet, dass am nächsten Tag das Fasten beginnt bzw. endet. Das Fasten gilt als die dritte Säule des Islams. Häufig gibt es unterschiedliche Auffassun-

gen über den genauen Zeitpunkt, darüber, wann und wo jemand den Mond gesichtet hat. Viele Muslime in Deutschland richten sich nach ihren Heimatländern, was dann dazu führt, dass der Ramadan unterschiedlich begonnen und beendet wird. Länger als dreißig Tage darf jedoch nicht gefastet werden.

Das Fasten im Ramadan dauert für erwachsene, gesunde Muslime vom Morgengrauen bis Sonnenuntergang. Kranke, Schwangere oder Menschen, die auf Reisen sind, können das Fasten zu einem späteren Zeitpunkt nachholen oder – wenn das nicht möglich ist – als Ersatz während des Ramadan einen Armen mit Essen versorgen. Fasten bedeutet, sich des Essens, Trinkens und Rauchens zu enthalten. Auch Geschlechtsverkehr ist tagsüber nicht gestattet. Viele bemühen sich besonders während dieser Zeit auch darum, beleidigende oder abstoßende Ausdrücke zu vermeiden.

Morgens wird vor dem Morgengrauen eine Mahlzeit *(sahūr)* eingenommen, und abends nach Einbruch der Dunkelheit wird das Fasten beendet *(iftār)*. Zunächst wird ein kurzes Bittgebet *(duʿāʾ)* gesprochen, dann nehmen die meisten zunächst traditionsgemäß Wasser und Datteln zu sich, um Magen und Darm erst einmal wieder in Bewegung zu setzen. Viele beten das Abendgebet und setzen sich erst danach zu einer vollen Mahlzeit zusammen. Auch beim Iftar sollte mit Essen und Trinken nicht übertrieben werden. Es geht darum, Geist und Körper zu mäßigen, um sich in dieser Zeit hauptsächlich auf Gott und sich selbst zu konzentrieren.

Unmittelbar nach Ende des Fastenmonats Ramadan findet in den ersten drei Tagen des Folgemonats Schawwal das erste große islamische Fest statt, das Fest des Fastenbrechens (arabisch *ʿīdu l-fitr*, türkisch *ramazan bayrami*), auch Ramadanfest genannt. Weil die Kinder zu diesem Anlass viele Süßigkeiten geschenkt bekommen, heißt es oft auch «Zuckerfest», das ist aber genauso schief, als würde Ostern «Eierfest» genannt.

Im Durchschnitt nimmt ein Fastender im Ramadan um die 3 kg zu

Die Pflichtabgabe

Am Ende des Ramadan entrichten viele Musliminnen und Muslime auch die Ramadanspende, die nicht zu verwechseln ist mit der jährlichen Pflichtabgabe, der Zakah oder Zakat. Diese Pflichtabgabe, die vierte Säule des Islams, ist nicht, wie allgemein immer wieder gesagt wird, ein Almosen. Zakah bedeutet eigentlich, dass das eigene Vermögen von dem Anteil gereinigt wird, der der Allgemeinheit zusteht. Aus islamischer Sicht ist es wichtig, dass Geld und Vermögen nicht gehortet werden, sondern für alle Mitmenschen von Nutzen sind. Die Pflichtabgabe beläuft sich auf 2,5 Prozent, also ein Vierzigstel, des Vermögens, das nicht zum täglichen Leben benötigt wird; sie muss von Frauen und Männern gezahlt werden.

In Staaten mit überwiegend muslimischer Bevölkerung wird sie oft automatisch eingezogen. In Deutschland und anderen Staaten Europas beschließen die Gemeinden oft gemeinsam, wohin die Pflichtabgabe gehen soll, und sie wird meist jährlich von den Gemeinden selbst eingezogen. Die Zakah steht unter anderem folgenden Personengruppen zu: den Armen und Bedürftigen, den Verschuldeten oder auch den Reisenden.

Im Gegensatz zur Zakah steht die freiwillige Spende *(sadaqa)*, die zu den verschiedensten Anlässen geleistet werden kann, besonders dann, wenn irgendwo ein Notfall oder eine Katastrophe eintritt. Alle Spenden und Abgaben sollen auch immer eine Hilfe zur Selbsthilfe sein.

Die fünfte Säule des Islams ist der Hadsch, die Pilgerfahrt nach Mekka, in die Geburtsstadt Muhammads. Den Hadsch vollzieht man in der Regel zwischen dem 8. und 12. des Monats *Dhū l-hidscha*. Jede Muslimin und jeder Muslim sollte versuchen, ihn mindestens einmal im Leben zu unternehmen. Hierbei gilt es, wichtige Voraussetzungen zu erfüllen: Wer sich zum Hadsch entschließt, sollte zu Hause alles in Frieden und Ordnung hinterlassen. Es sollten zum Beispiel keine Schulden mehr vorhanden sein, so sollen auch für die Absolvierung des Hadsch keine Kredite aufgenommen werden. Der Pilger sollte sich friedlich verabschieden, Streitigkeiten müssen vorher beigelegt werden. Die Familie muss versorgt sein. Der Hadsch wird angetreten, als würde man nicht mehr zurückkehren.

Mekka ist eine Stadt im Westen des Königreiches Saudi-Arabien mit rund eineinhalb Millionen Einwohnern. Das zentrale Heiligtum in Mekka und Ziel des Hadsch ist die Kaaba. Sie steht im Innenhof der größten und wichtigsten Moschee der Welt, dem Masdschid al-harām, das bedeutet «die geweihte Moschee».

Schon vor dem Islam galt die Kaaba, ein schwarzes würfelförmiges Gebäude, als Ort für die Verehrung von unterschiedlichen Göttern. Nach islamischem Verständnis wurde sie vom Propheten Adam erbaut. Sie geriet anschließend lange Zeit in Vergessenheit und wurde teilweise zerstört, bis die Propheten Ibrahim (Abraham) und sein Sohn

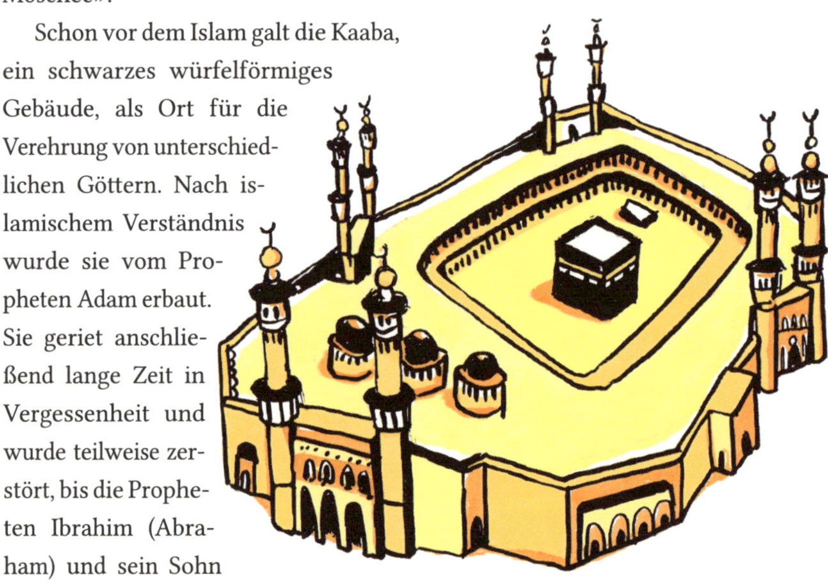

Erste Station des Hadsch ist ein Miqāt.
Es gibt mehrere Miqāt, Orte an der Grenze zum heiligen Bezirk von Mekka an denen Gläubige in den Ihram eintreten.
Der Ihram ist der Weihezustand, in dem man sich befindet, während man den Hadsch vollzieht.

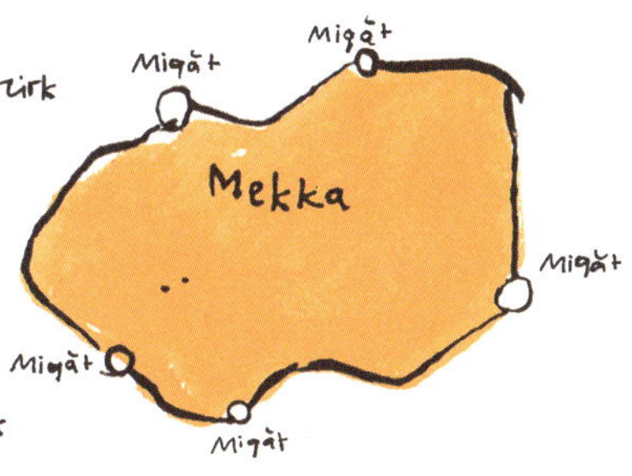

Um in den Ihramzustand einzutreten, tut man folgendes:

1. Rituelle Waschung

2. Das Ihramgewand für Männer

2. Ihramgewand für Frauen

Frauen tragen gewöhnlich einfache, praktische und bescheidene Kleidung, die ihren Stand und ihr Vermögen nicht erkennen lässt und den Körper bedeckt.
Das Gesicht und die Hände dürfen nicht bedeckt werden.

Das Ihramgewand für Männer besteht aus zwei weißen Leinentüchern, die keine Nähte haben und nicht geknotet, genäht, mit Nadeln oder Gürtel zusammengehalten werden dürfen. Also gibt es eine besondere Bindetechnik, damit die Tücher während der gesamten Fahrt, beim Laufen, Beten und beim Aufstehen, halten. Außer diesen Tüchern trägt man keine anderen Kleidungsstücke (auch keine Unterwäsche).

An den Füßen trägt man Schuhwerk ohne Nähte, das den Knöchel nicht bedeckt.

Im Ihram gelten strenge Verhaltensregeln, die nicht gebrochen werden dürfen. Wenn sie nicht eingehalten werden, ist der Ihram unterbrochen, und der Hadsch ist nicht gültig. Aber es gibt auch Ausnahmen:

Ismail (Ismael) den Auftrag erhielten, die Kaaba wieder aufzubauen. Muhammad hat die Kaaba schließlich von den vielen Gottheiten befreit und damit den Auftrag der vorherigen Propheten fortgeführt. Die Kaaba wird noch heute als «Haus Gottes» *(baytu llāh)* bezeichnet.

In Mekka erscheinen alle Pilgerinnen und Pilger ohne besondere Zeichen ihres sonstigen alltäglichen Lebens, das heißt, es sind alle im Prinzip gleich gekleidet: Die Männer tragen zwei ungenähte weiße Tücher und die Frauen ebenfalls weite Kleider und Tücher. Während des Hadsch ist beispielsweise eine Gesichtsverschleierung nicht erlaubt. Daneben ist es Tradition, sich nicht die Nägel oder die Haare zu schneiden. Männer rasieren sich in dieser Zeit nicht. Auch Sex, Fluchen, Rauchen oder Parfüm sind nun nicht erlaubt. All dies gehört zu dem besonderen Zustand *(ihrām)*, in den die Pilger sich versetzen.

Nach dem Anlegen der Pilgerkleidung und dem Bekunden der Absicht *(niyya)* betreten die Pilger den «verbotenen» Bezirk *(haram)* in Mekka, dafür sind besondere Orte *(miqāt)* vorgesehen. Dabei wird das spezielle Gebet für diese Situation gesprochen: *«labbayk allāhummā labbayk, labbayk lā scharīka lak, labbayk, inna l-hamda, wa-n-niʿmata, laka l-mulk, lā scharīka lak»*: «Hier bin ich, o Gott, hier bin ich. Hier bin ich, es gibt nichts und niemanden neben dir. Das Lob, die Zuwendung und die Herrschaft gebühren dir. Es gibt nichts und niemanden neben dir.» Wenn dann die Kaaba erreicht ist, wird sie siebenmal gegen den Uhrzeigersinn umrundet *(tauāf)*.

Als Nächstes folgt der «Lauf» zwischen den beiden Hügeln Safa und Marwa *(saʿī)*. Er erinnert an die verzweifelte Suche von Hadschar, der Ehefrau Ibrahims, nach Wasser für sich und ihren Sohn Ismail. Genau wie Ibrahims Frau muss auch der Pilger siebenmal hin- und herlaufen, und zwar tatsächlich im Laufschritt. Menschen, die alt, krank und gebrechlich sind, werden entweder auf einer Sänfte oder mit dem Rollstuhl von anderen zwischen den beiden Hügeln hin- und hergetragen oder -geschoben.

Das Wasser aus dem Brunnen Zamzam soll nach der Überlieferung Mutter und Kind damals das Leben gerettet haben. Viele Pilgerinnen und Pilger nehmen nach dem Hadsch kanisterweise Wasser aus diesem Brunnen, das eine besonders gute Qualität hat, mit nach Hause.

Zu den weiteren Ritualen beim Hadsch gehört die Reise zur Zeltstadt Minā,

Achter Dhū l-hidscha

1.

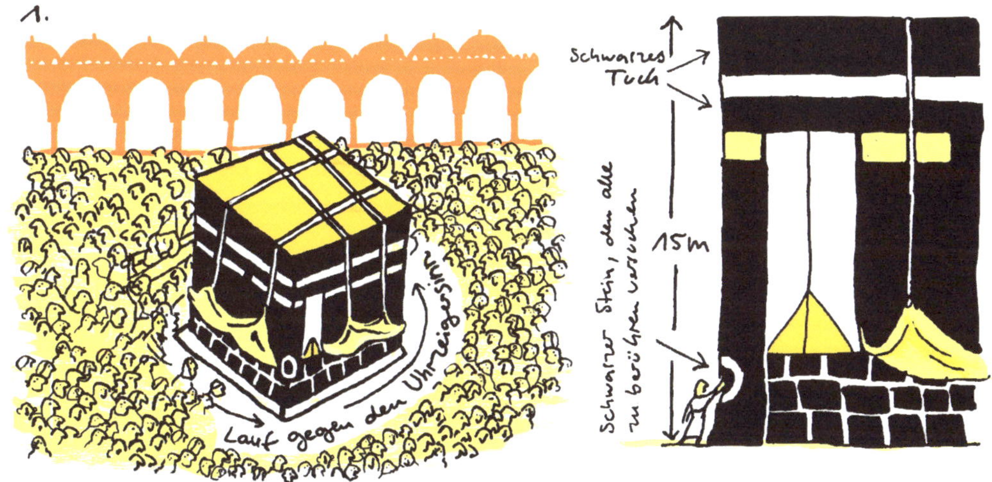

Männer & Frauen beten hier zusammen. Auf der ganzen Welt beten Muslime jeweils in Richtung der Kaaba.

Die Kaaba ist ein Gebäude aus Stein, das von Ibrahim erbaut wurde

2.

3.

Im Tal Minā steht eine riesige Zeltstadt

von wo aus sich die Pilger zum Berg Arafat begeben. Dort wird das «Stehen vor Gott» *(wuqūf)* absolviert. Dieser Tag wird fastend verbracht – ein Tag, der ganz mit Meditation, Gebet und viel Ruhe begangen wird.

Nach Sonnenuntergang gehen die Pilger in die Ebene von Muzdalifa, wo sie mehrere Steine aufsammeln. Wenn sie das Tal zwischen Muzdalifa und Minā durchschritten haben, werfen sie diese auf eine Steinsäule, die den Satan (Iblis, siehe S. 10) symbolisiert. Der Satan hat Zwietracht zwischen Gott und den Menschen gesät, und er wird für das Schlechte in der Welt verantwortlich gemacht, vor allem für die Sünden, derer sich die pilgernden Menschen bewusst sind.

Den Höhepunkt des Hadsch stellt das «Opferfest» (arabisch *ʿīdu l-adhā*, türkisch *kurban bayrami*) dar, bei dem ein Tier als Opfergabe geschlachtet wird. Dieses Fest feiern nicht nur alle Pilger, sondern die Muslime in der ganzen Welt. Es wird zur Erinnerung an Ibrahim und seine Vision, dass er seinen Sohn opfern müsse, gefeiert. Diese Geschichte findet sich sowohl im Koran als auch in der Bibel, allerdings in unterschiedlichen Versionen. Laut Koran bekam Ibrahim in einem Traum den Auftrag, seinen Sohn Ismail (in der Bibel ist die Rede von Isaak, dem zweiten Sohn Abrahams) zu opfern. Er erzählt seinem Sohn von diesem Traum. Ismail sagt, wenn sein Vater meine, dass Gott dies von ihm fordere, dann müsse es wohl geschehen. Kurz bevor der Sohn getötet werden soll, greift Gott ein und lässt Ibrahim anstelle des Sohnes ein Tier opfern. Damit hat Gott deutlich gemacht, dass er keine Menschenopfer will.

Der Hadsch endet mit einer letzten Umrundung der Kaaba. Zum Abschluss rasieren sich viele Männer traditionell den Kopf kahl, und auch viele Frauen schneiden sich eine Haarsträhne ab. Wer die Pilgerfahrt nach allen Vorschriften vollendet hat, darf den Ehrentitel «Hadschi» tragen.

Zehnter Dhū l-hidscha

4. Schneiden der Haare als Zeichen des Beginns eines neuen Lebensabschnitts

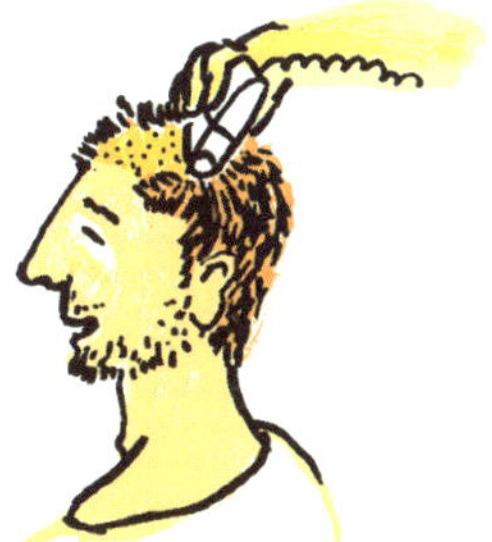

Viele Männer rasieren den ganzen Kopf & Bart

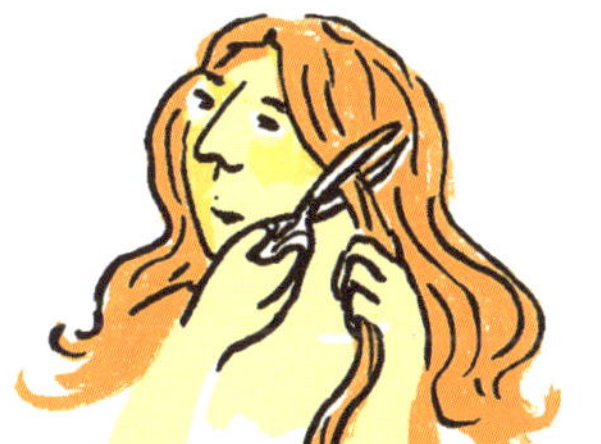

Frauen schneiden eine Strähne ihrer Haare ab

Hadsch & Ihram sind beendet

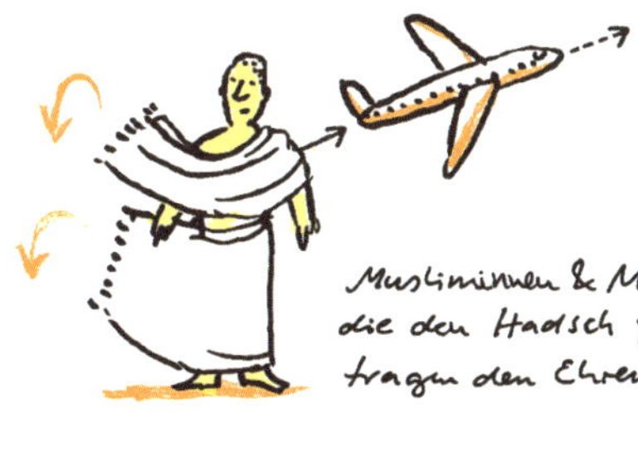

Musliminnen & Muslime, die den Hadsch gemacht haben, tragen den Ehrentitel Hadschi

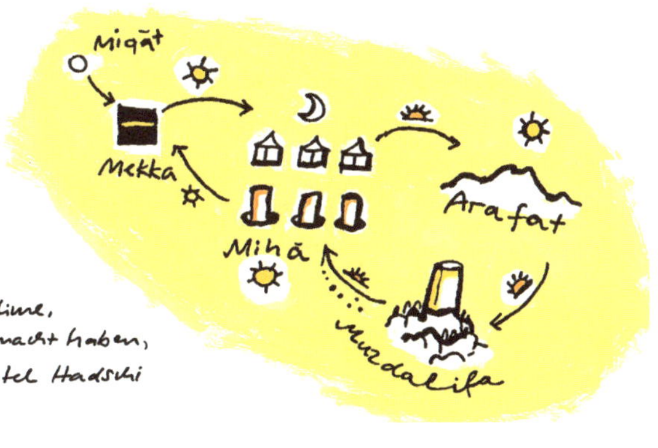

Miqāt

Mekka

Minā

Arafat

Muzdalifa

Platz der Frauen (oftmals im hinteren Teil der Moschee oder auf einer Empore)
Platz der Männer
Der Mihrab (Gebetsnische) weist Richtung Mekka, der Geburtsstadt Muhammads
Minbar (Kanzel) für die Predigt beim Freitagsgebet Die oberste Stufe ist alleine dem Propheten vorbehalten
Durch ihre gewölbte Form
wirft der Mihrab die Stimme des Imam
in den ganzen Raum zurück
Vorleser (Imamin/Imam)
Hier liegt der Koran
Alle beten Richtung Mekka

Allahu akbar

3. Die Moschee, das Haus der Gemeinde

Was gehört zu einer Moschee?

Moschee kommt vom arabischen *masdschid,* wörtlich bedeutet das «Ort, an dem man sich niederwirft». Die Moschee ist ein zentraler Ort des spirituellen Lebens, aber im Gegensatz zu einer Kirche kein sakraler Raum, hat also keinen heiligen Charakter. Sie ist ein Versammlungsort. In einer Moschee wird nicht nur gebetet, sondern auch unterrichtet, oder es werden die Angelegenheiten der Gemeinde besprochen. Es handelt sich also eher um ein Gemeindezentrum.

Zur Architektur einer Moschee gehören traditionell bestimmte Elemente: beispielsweise ein Minarett, also eine Art schlanker Turm, häufig auch eine Kuppel, ein hoher Gebetsraum und ein geschützter Hof mit einem Brunnen. Die Moscheebauten weltweit haben sich inzwischen meist ihrer Umgebungsarchitektur angepasst, sodass sie sich weniger an die traditionellen Elemente halten und mehr Wert auf eine zeitgemäße Architektur legen. In Deutschland ist die Moschee von Penzberg ein gutes Beispiel für einen modernen Moscheebau.

Den ersten Blickfang beim Betreten einer Moschee bildet der Mihrab, die Gebetsnische. Sie ist nach Mekka hin ausgerichtet *(qibla),* in Deutschland also nach Südosten, und dort steht die Person, die das Gebet leitet bzw. vorbetet. Der Gebetstext ist gut hörbar, weil die Gebetsnische halbrund ist; häufig wird er durch ein Mikrophon auch nach draußen oder in angrenzende Räume übertragen.

Der Boden der Moschee ist mit Teppichen bedeckt, die ebenfalls nach Mekka hin ausgelegt sind und nicht mit Schuhen betreten werden dürfen. Die Gebetsstelle muss

an betritt die Moschee
mit dem rechten Fuß
und verläßt sie
mit dem linken

immer sauber sein, andernfalls ist das Gebet ungültig. Häufig haben die Moscheen mehrere Eingänge. Dort, wo Frauen einen eigenen Gebetsraum haben oder eine für sie reservierte Empore, betreten sie die Moschee durch eine andere Tür als die Männer. Die Gläubigen sind angehalten, in einer geraden Reihe nebeneinander zu stehen, wobei es hier keine Privilegien geben darf, es gibt also keinen besonderen Platz für ranghohe Politiker oder andere Prominente. In den meisten Gemeinden in Deutschland beten Frauen und Männer getrennt, nicht nebeneinander. Allerdings dürfte man auch hier gemeinsam in einem Raum neben- oder hintereinander beten.

Interessierte Gäste können natürlich auch in die Moschee gehen, um beim Beten zuzuschauen oder sich durch die Räumlichkeiten der Moschee führen zu lassen. In der Regel legen sich auch nichtmuslimische Besucherinnen ein Tuch über den Kopf. Allerdings wird dies sehr unterschiedlich gehandhabt. Beispielsweise verlangt die Merkez-Moschee in Duisburg-Marxloh von keiner Frau, ihr Haar zu bedecken.

An der Seite des Betraumes gibt es meist zwei erhöhte Plätze. Einer davon wird Minbar (Kanzel) genannt. Von hier aus wird neben der Freitagspredigt auch die Gemeindeversammlung geleitet, oder es werden religiöse Fragen besprochen, die aus der Gemeinde kommen. Der andere erhöhte Platz ist der Kursi, eine Art Vorlesepult, von dem aus der Koran für die Gemeinde ausgelegt wird.

Noch heute ruft meist ein Muezzin – er gehört zum Personal einer Moschee – zum Gebet oder eine Person, die eine gute Stimme hat und den Text beherrscht. Der Gebetsruf *(adhān)* ertönt in der Regel vom Minarett aus; oft geschieht das aber auch einfach im Gebetsraum. Die Übertragung per Lautsprecher wie in den muslimischen Ländern ist in Deutschland nur in einigen Moscheegemeinden erlaubt, in der Regel für das Gemeinschaftsgebet am Freitag.

Die meisten Moscheen sind den ganzen Tag offen und heißen jeden Interessierten willkommen. Vielfach befinden sich neben der Moschee kleinere Geschäfte, in denen Gemüse, Halal-Fleisch (also Fleisch, das nach islamischem Ritus geschlachtet wurde, siehe S. 49), Kleidung und Dinge des täglichen Bedarfs verkauft werden.

Die drei wichtigsten Moscheen und heilige Stätten des Islams sind die al-Haram-Moschee in Mekka, der Geburtsstadt Muhammads und Heimstatt der

Kaaba, die «Prophetenmoschee» *(al-masdschid an-nabawī)* in Medina, dem Sterbeort Muhammads und Ort des ersten Moscheebaus überhaupt, und drittens, die al-Aqsa-Moschee in Jerusalem; dort in der Nähe hat Muhammad der Überlieferung nach seine nächtliche Himmelsreise angetreten (siehe S. 71).

Moscheen in Deutschland. In Europa und in Deutschland gab es schon früher Moscheen. So ließ der Preußenkönig Friedrich Wilhelm I. bereits 1731/32 für etwa zwanzig tatarische Kriegsgefangene im «königlichen Waisenhaus» in Potsdam einen Gebetsraum einrichten, denn es war ihm wichtig, dass alle seine Untertanen ihre Religion frei ausüben konnten. 1798 entstand in Berlin der erste islamische Friedhof. 1915 wurde im Kriegsgefangenenlager in Wünsdorf bei Berlin (Halbmondlager) für die muslimischen Soldaten eine Holzmoschee erbaut. In der Zeit zwischen dem Ersten und dem Zweiten Weltkrieg siedelten sich in Deutschland Muslime unterschiedlicher Ausrichtungen an. Die älteste erhaltene Moschee in Deutschland ist die 1925 in Berlin errichtete Wilmersdorfer Moschee.

Erst in den 1960er Jahren, in der Zeit des ersten Zuzugs von muslimischen Gastarbeitern, gab es wieder einen Bedarf an Räumen für Gebet und Ritual. Damals entstanden viele kleine Hinterhofmoscheen. Meist waren es alte Fabrikgebäude, die umgestaltet wurden. Es gibt nur wenige Moscheen, die bereits in den 1960er und 1970er Jahren schon vom Baustil her als Moscheen erkennbar waren, so zum Beispiel die Imam-Ali-Moschee in Hamburg (1961), die Bilal-Moschee in Aachen (1964) oder die Moschee des Islamischen Zentrums in München-Freimann (1973). Viele wurden auf Initiative von großen Gruppen muslimischer Studierender gebaut, mit finanzieller Unterstützung aus deren meist arabischen Herkunftsländern.

Heute leben in Deutschland über fünf Millionen Muslime. Sie haben, neben den vielen kleinen Moscheebauten, in den letzten Jahrzehnten auch größere Moscheen erbaut, zum Beispiel in Duisburg-Marxloh. Und es entstehen heute weiter neue Gebetshäuser, die aussehen wie Moscheen, und Orte, an denen sich die Muslime mit anderen Gläubigen austauschen können. Das ist dem Bedarf der hier lebenden muslimischen Bevölkerung angemessen. Die Moscheen waren und sind für viele Muslime auch eine Art spirituelle Heimat, die Geborgenheit gibt.

Allerdings wird vielerorts versucht, gerade mit Diskussionen um den Moscheebau Stimmung gegen die Muslime zu machen und die Ängste und Zweifel der Anwohner dafür auszunutzen. Dabei wird häufig auch vor einer «schleichenden Islamisierung» in Deutschland gewarnt, so als ob die Muslime alle Mitbürger vom Islam überzeugen und Deutschland Schritt für Schritt zum islamischen Staat machen wollten.

Ein weiteres Argument der Moscheebaugegner ist, dass eine Moschee angeblich nicht in die deutsche Stadtlandschaft passt. In den Städten, in denen es bereits einen nach außen hin erkennbaren Moscheebau gibt, haben sich diese Befürchtungen allerdings nicht bewahrheitet.

Imam: Der Gemeindevorsteher

In der Moschee wird das Gebet von einem Imam (türkisch: *hoca*) geleitet. Im frühen Islam hatte diese Funktion die Person übernommen, die am besten den Koran rezitieren konnte und wusste, wie das Gebet abläuft. Es war also keine spezielle Ausbildung wie bei einem Priester oder Pfarrer nötig. Bis heute gibt es keine Ordination von Imamen, das heißt, sie werden nicht offiziell eingesetzt, sondern nur von der Gemeinde selbst gewählt.

Die Gemeinde erwartet vom Imam aber nicht nur das Vorbeten, sondern auch Erläuterungen und Auslegungen des Korans, zum Beispiel während der Freitagspredigt. Diese Aufgabe kann zwar auch jemand aus der Gemeinde übernehmen, sie wird aber mehr und mehr vom Vorbeter erfüllt. Das Gleiche gilt auch für seelsorgerische Tätigkeiten in der Gemeinde. Zur Aufgabe eines Imams gehört es also mittlerweile auch, bei Geburten, Beschneidungen, Hochzeiten und Beerdigungen die Gebete zu sprechen und die Gemeinde zu leiten. Das erfordert nicht nur religiöse Kenntnisse, sondern auch Menschenkenntnis und Einfühlungsvermögen. In Deutschland gibt es erst seit kurzer Zeit die Möglichkeit,

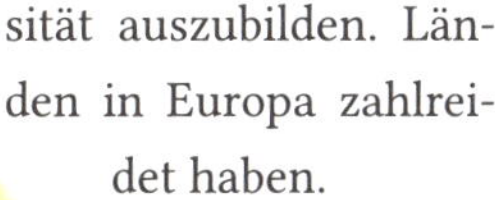

Theologinnen und Theologen an der Universität auszubilden. Länder wie die Türkei schicken zu Gemeinden in Europa zahlreiche Imame, die sie selbst ausgebildet haben.

Im schiitischen Islam hat das Wort Imam noch eine viel weitere Bedeutung. Hier gelten Imame aus der Familie von ʿAlī ibn Abī Tālib, dem Schwiegersohn des Propheten Muhammad, als rechtmäßige Nachfolger des Propheten. Nach schiitischer Vorstellung hat ein Imam in der Nachfolge der berühmten Imame ein geheimes Wissen vermittelt bekommen und darf daher den Koran auslegen und auch Recht sprechen. Das dürfen andere zwar auch, aber in diesem Fall gilt die Meinung eines Imams als wichtiger, er stellt also eine besondere Autorität dar.

Frauen als Imame? Mittlerweile wird immer häufiger die Frage nach weiblichen Imamen gestellt. Die gibt es schon, aber man muss hier vier verschiedene Ebenen unterscheiden, nämlich ob die «Imaminnen» in erster Linie für Frauen lehren, ein Gebet für Frauen, eine Gemeinde oder ein Gebet für Frauen und Männer leiten.

Frauen, die ein Gebet für Frauen leiten, sind in den meisten Rechtsschulen (siehe S. 60) unumstritten. Bei den weiteren Befugnissen gibt es aber mehr oder weniger breite Ablehnung. Im Koran selbst gibt es hierzu keine Aussagen. Der Begriff des Leitens oder Führens einer Gemeinschaft wird in vielfacher Hinsicht benutzt: *Und wir wollten den Menschen, die im Land als niedrig erachtet wurden, etwas Gutes tun, und wir haben sie zu Anführern und Anführerinnen im Glauben gemacht und zu Erben. (28:5)*

Da Frauen in vielen Ländern noch nicht voll gleichberechtigt sind, wäre es sinnvoll, den zitierten Vers für Muslime allgemein auf alle anzuwenden. Die Argumentation, dass es eine Frau als Imamin für beide Geschlechter bisher nicht gegeben habe und somit nach den Rechtsprinzipien auch nicht geben sollte, ist nicht ganz nachvollziehbar. Denn immerhin gibt es ja den Präzedenzfall der Umm Waraqa, einer Gefährtin Muhammads. Sie kannte den Koran außerordent-

lich gut, konnte ihn sogar auswendig und wurde vom Propheten selbst aufgefordert, das Gebet für die Leute ihres Hauses – und das waren nicht ausschließlich Frauen – zu leiten.

Die Argumente gegen weibliche Imame sind ganz unterschiedlich: Manche meinen, dass das Weibliche grundsätzlich nicht mit einer solchen Aufgabe vereinbar sei. Auch unter den Frauen selbst gibt es Ablehnung, sie sprechen davon, dass sie sich unwohl fühlen, wenn sie die Gebetshaltung des Niederwerfens vor Männern ausführen müssten, und wollen deshalb eine solche Position nicht einnehmen. Einige befürchten außerdem, dass eine Imamin als Gemeindeleiterin Unruhe in der Gemeinschaft hervorrufen würde.

Auf jeden Fall ist es wichtig, eine sachliche Diskussion unter den Musliminnen und Muslimen zu ermöglichen – ganz abgesehen davon, dass nach althergebrachter Sitte die Gemeindeleitung von der Gemeinde selbst bestimmt wird. Die Vorstellung, «Imamin» zu werden, ist für einige Mädchen und Frauen durchaus erstrebenswert, sie passt zu dem Wunsch, die eigenen Fähigkeiten in die Gemeinschaft einzubringen. Und so wäre es notwendig, freien Entscheidungsmöglichkeiten in den Gemeinden einen Boden zu bereiten. Die islamische Bildungs- und Erziehungsvorstellung lässt jedenfalls Raum für gleiche Chancen in diesem Bereich für Mädchen und Jungen.

Koranschulen – Was lernt man da?

Kinder und Jugendliche erleben und erlernen den Islam in unterschiedlichen Kreisen. Zum einen erlernen sie die Religion im Elternhaus. Es lebt den jungen Menschen religiöses Leben vor, lehrt sie, Gebote einzuhalten und Verbote nicht zu überschreiten. Dort lernen sie die rituelle Praxis kennen, wie das Pflichtgebet, das Einhalten des Fastens oder auch die rituelle Waschung. Ein weiterer Kreis, in dem Religion nahegebracht wird, ist die Schule und der darin angebotene Religionsunterricht. Hier liegt der Schwerpunkt auf der Vermittlung von Wissen über die Religion und das Bekenntnis.

Der dritte Kreis, um religiöses Leben und Lehre zu erlernen, ist die Moschee. Hier hat man die Möglichkeit, sich mit gleichgesinnten Menschen zu treffen und sich gemeinsam in einem Gottesdienst dem Schöpfer zuzuwenden. In der Moschee wird das Gemeinschaftsgefühl enorm gestärkt, und der Gläubige erfährt hier Religion als Gruppen- oder sogar als Massenerfahrung. In der Moscheegemeinde erlernen Kinder in der Regel auch das Koranlesen. Hierzu besuchen sie nachmittags nach der Schule und/oder am Wochenende die Moscheegemeinde und nehmen am Koranunterricht teil, den der Imam (oder Hodscha) oder eine andere fachkundige Person leitet.

Für diesen Unterricht und das Rezitieren des Korans benötigt man nach Ansicht einiger Gelehrter nicht nur die rituelle Reinheit *(tahāra)*, sondern auch eine gewisse Kleidung, etwa eine Kopfbedeckung für Mädchen und Jungen. Das wird allerdings von Gemeinde zu Gemeinde unterschiedlich gesehen. Einige meinen, dass man in der Koranschule vor allem etwas lernt und weniger einen Gottesdienst besucht. Ähnlich wie für den Islamunterricht in der Schule gibt es zahlreiche Rechtsgutachten (siehe S. 62 f.), die das Lesen im Koran auch ohne Rituswaschung zulassen.

Häufig werden Jungen und Mädchen getrennt voneinander unterrichtet. Für Mädchen werden oft eigene Kurse angeboten, die von Frauen mit guter theologischer Ausbildung abgehalten werden. Es ist wichtig, dass solche Koranlehrerinnen die gleiche Wertschätzung erfahren wie ihre männlichen Kollegen.

Der Ablauf ist in vielen Gemeinden ähnlich: Die Koranschüler setzen sich meist auf den Boden, und die Lehrperson setzt sich vor sie oder mit in den Sitzkreis. Alle Schülerinnen und Schüler nehmen sich dann einem Koran und lesen gemeinsam eine bestimmte Sure oder einzelne Passagen daraus. Die Lehrerin oder der Lehrer korrigiert dann die Aussprache, erklärt noch einmal das arabische Alphabet und die Aussprache der einzelnen Laute. Häufig wird das Rezitieren einzelner Passagen auch vollständig gemeinsam eingeübt. Nach einer solchen Sitzung gibt es oft auch noch kurze inhaltliche Gespräche über das Rezitierte. Die erlernten Koranverse und -suren braucht man für das fünfmalige rituelle Pflichtgebet. Außerdem lernt man in der Moschee auch unterschiedlichste Bittgebete kennen, die im Alltag häufig gebraucht werden.

Der Koranunterricht findet in Deutschland gewöhnlich in der Herkunftssprache der meisten Gemeindemitglieder statt. Er ist ein wichtiger Bestandteil frommen islamischen Lebens. Viele sprechen sich dafür aus, dass dieser Unterricht besser von hier ausgebildeten Religionspädagogen in deutscher Sprache durchgeführt werden sollte. Denn die meisten hier lebenden jungen Muslime verstehen Deutsch ja inzwischen besser als ihre Herkunftssprache. Und da Deutschland die Heimat vieler Muslime ist, ist es auch sinnvoll, dass sie anderen Mitbürgern ihren Glauben in der Landessprache erklären können.

4. Der Koran, das Wort Gottes

«Das Buch, an dem kein Zweifel besteht»

Gott spricht selbst. Nach islamischer Auffassung zeigt sich Gott den Menschen immer wieder. Dieses «Sichzeigen» nennt man auch Offenbarung. Gott offenbart sich den Menschen auf unterschiedlichste Art und Weise. Er offenbarte sich auserwählten Menschen, indem er mit ihnen zum Beispiel im Traum oder durch einen Schleier sprach, also nicht von Angesicht zu Angesicht (bei Mose etwa durch einen brennenden Dornbusch), oder aber auch – so glauben es Christen –, indem er in Gestalt seines Sohnes Jesus Mensch wurde. Das heißt, dass Gott für Christen ein sprechender Mensch aus Fleisch und Blut geworden ist. Juden hingegen soll sich Gott nicht als Mensch offenbart haben, sondern er schickte die «Zehn Gebote» an den Propheten Mose auf dem Berg Sinai.

Muslime sind davon überzeugt, dass Gott sich dem Karawanenführer Muhammad ibn ʿAbdullāh offenbarte, indem er den Erzengel Gabriel als Übermittler von göttlichen Nachrichten zu ihm schickte. Muhammad hat insgesamt über zweiundzwanzig Jahre (610–632 n. Chr.) in den Städten Mekka und Medina solche Botschaften erhalten. Diese Form der Offenbarung unterscheidet sich also stark von der christlichen Form. Bei den Christen ist «Gott Mensch geworden», bei den Juden wie auch bei den Muslimen ist «Gott Wort geworden». Die Form der Offenbarung ist für die jeweilige Religionsgemeinschaft sehr wichtig, denn sie macht einen Teil ihres Glaubens aus.

Die erste Offenbarung erhielt Muhammad in der Höhle Hira. Der Prophetenbiograph Ibn Ishāq schreibt dazu: «Als Gott Muhammad ehren und sich der Menschen durch ihn erbarmen wollte, zeigte sich dessen Prophetenschaft zuerst in seinen wahren Träumen, die im Schlaf stets wie der Anbruch des Morgens über ihn kamen. Auch ließ Gott ihn die Einsamkeit schätzen, und bald war ihm nichts mehr lieber, als allein zu sein.» (Ibn Ishāq: «Das Leben des Propheten», S. 45)

Es wird überliefert, dass Muhammad immer wieder die Einsamkeit in dieser Höhle in der Nähe der Handelsstadt Mekka suchte. Eines Tages – so erzählte er es seiner Frau Chadidscha – erschien ihm eine riesige Gestalt, die ihn aufforderte, etwas nachzusprechen. Diese Gestalt stellte sich ihm später als Erzengel Gabriel vor. Überliefert wird, dass Muhammad in seiner Höhle saß und meditierte, als Gabriel erschien. Er forderte Muhammad insgesamt dreimal auf, etwas laut vorzutragen. Obwohl Muhammad weder lesen noch schreiben konnte, war es ihm plötzlich möglich, die Nachricht vorzutragen. Folgende Worte soll er laut gesprochen haben:

1. *Lies im Namen deines Herrn, der erschaffen hat!*
2. *Er hat den Menschen aus einer sich anklammernden Masse erschaffen.*
3. *Lies, denn dein Herr ist gnädig!*
4. *Er hat den Menschen durch das Schreibrohr etwas gelehrt,*
5. *was der Mensch zuvor nicht wusste.*

Diese fünf Verse sind die ersten Worte, die Muhammad von Gott erhielt. Man kann sie heute in der 96. Sure, Vers 1–5, im Koran nachlesen.

Muhammad wurde von Gott zu einer Zeit auserwählt, als die meisten Menschen auf der Arabischen Halbinsel mehrere Gottheiten anbeteten. Gerade Mekka war nicht nur eine Handelsstadt, sondern auch das Zentrum für die kultische Anbetung von allerlei Gottheiten. Die mehr als dreihundert Götterbilder wurden unter anderem in der und um die Kaaba aufgestellt. Die Lobpreisung der Götter fand schon damals als Umkreisen der Kaaba statt, so wie man das noch heute während der Pilgerfahrt tut. Außerdem brachte man den Göttern (Tier-) Opfer dar. Auch dieser Brauch des Opferns ist heute zum Ende der großen Pilgerfahrt als «Opferfest» erhalten geblieben.

Die Botschaft Gottes, die Muhammad verkünden sollte, war einfach und zugleich gefährlich: Die Menschen sollten aufhören, die verschiedensten Gottheiten anzubeten und stattdessen nur noch den einen, barmherzigen Gott, neben dem es keine anderen Götter gibt.

Außerdem sollte Muhammad verschiedenen Bevölkerungsgruppen mehr Rechte verschaffen. Den Waisen sollte mehr Respekt und Fürsorge entgegengebracht werden. Den Frauen sollte er mehr Rechte bringen, indem sie als eigenständige Personen geachtet wurden. Dazu gehörte auch, dass Frauen nun Besitz haben, erben oder sich bilden durften. Neugeborene Mädchen sollten nach ihrer Geburt nicht mehr getötet werden, wie es in der damaligen Gesellschaft, die von Männern dominiert wurde, häufig geschah. Auch Tieren sollten die Menschen mehr Achtung und Respekt entgegenbringen. Vieles sollte gerechter werden und der Umgang zwischen den Menschen barmherziger und rücksichtsvoller.

Neben dem Glauben an den einzigen Gott gehört zu den wesentlichen Merkmalen des Islams auch die Überzeugung, dass Muhammad der letzte Gesandte ist, den Gott der Menschheit als Warner geschickt hat.

Muhammad hat die Botschaften, die er durch den Erzengel Gabriel erhielt, seinen engsten Gefährten *(sahāba)* mitgeteilt. Diese wiederum schrieben alles auf, was sie von Muhammad übermittelt bekamen. Jahre nach dem Tode Muhammads wurden diese schriftlichen Aufzeichnungen durch einen Gefährten neu sortiert und zu einer Art Buch zusammengestellt. Dieses Buch mit all den göttlichen Offenbarungen an Muhammad nennt man auf Arabisch «der edle Vortrag» *(al-qur'ān al-karīm)*. Mittlerweile hat sich der Begriff «der Koran» im Deutschen durchgesetzt. Für Muslime stellt der Koran Gottes direkt überliefertes Wort dar, Gott selbst spricht im Koran, und daran ist nicht zu zweifeln: *Dies ist das Buch, an dem kein Zweifel besteht. Es ist eine Rechtleitung für die Gottesfürchtigen. (2:2)*

Was der Koran genau ist und wie er zu verstehen ist, beantwortet Gott in Sure 10, Vers 37: *Diesen Koran hätte sich niemand ausdenken können außer Gott allein. Nein, das wäre unmöglich. Der Koran bestätigt, was aus früheren Offenbarungen noch an Wahrheit erhalten ist, und erklärt ausführlich die Schrift vom Herrn der Welten, darüber gibt es keinen Zweifel.*

Suren und Verse. Der heutige Koran ist in 30 Abschnitte *(dschuz')*, 114 Suren *(sūra)* und 6236 Verse *(āya)* gegliedert. Die erste und bekannteste Sure ist «Die Eröffnende» *(al-fātiha)*. Mit ihren sieben Versen gehört sie zu den am häufigsten rezitierten Suren und kommt im fünfmaligen täglichen Gebet vor:

1. Im Namen Gottes, des Gnädigen und Barmherzigen.
2. Gelobt sei Gott, der Herr der Welten,
3. der Gnädige und Barmherzige
4. und König des Jüngsten Tages!
5. Dir dienen wir, und dich bitten wir um Hilfe.
6. Führe uns den geraden Weg,
7. den Weg derjenigen, denen du gnädig bist, und nicht den Weg derjenigen, über die du zornig bist! Aber auch nicht den Weg derjenigen, die sich geirrt haben.

Der Koran endet mit der 114. Sure «Die Menschen» *(an-nās)*, die als Schutzsure besonders häufig rezitiert wird. Im Prinzip beginnt der Koran – abgesehen von der «Eröffnenden» – mit der längsten Sure und endet mit einer der kürzeren Suren. Die kürzeste Sure, die 108., umfasst nur drei Verse.

Es gilt im muslimischen Kulturkreis als etwas ganz Besonderes, wenn man den Koran vollständig auswendig rezitieren kann. Diese Experten bekommen den ehrenvollen Beinamen «Hafis», das bedeutet «Kenner». Und so wird möglichst in jungen Jahren damit begonnen, die vielen Verse des Korans auswendig zu lernen.

Was gilt? Was geht? Gebote und Verbote

Allzu oft wird der Koran als ein Buch der Verbote bezeichnet, denn im Grunde werden auch Gebote von vielen als Verbote verstanden, da sie Leitlinien vorgeben, deren Einhaltung oft als Einschränkung betrachtet wird. Was genau aber sind Verbote und Gebote?

Ein Verbot ist eine strenge Aufforderung, etwas zu unterlassen. Jede Gruppe kann diese in Regeln, Befehlen und Gesetzen näher bestimmen, und bei Nichteinhaltung wird meist eine Strafe angedroht. Bei einem Gebot dagegen handelt es sich um eine fast immer verbindliche Anweisung, die zu einer Handlung verpflichtet oder auffordert. Wer der Aufforderung nicht folgt, bekommt jedoch meist keine Strafe angedroht. Es gibt im Koran bei weitem mehr Gebote als Verbote.

Als der wichtigste Grundsatz gilt die Einheit Gottes *(tauhīd)*: Ein klares Verbot untersagt strikt, Gott etwas zur Seite zu stellen, also «Schirk» zu begehen: *Sag: «Kommt her, ich will euch vortragen, was euer Herr euch verboten hat: Ihr sollt nichts neben ihm anbeten. (6:151)*

Mit einem Verstoß gegen den Glauben an den einen Gott ist eine schmerzliche, aber nicht näher bezeichnete Strafe verbunden. Dasselbe gilt für das Verdrehen von Gottes Wort: *Doch Übeltäter ersetzten das Wort mit einem anderen, das ihnen von Gott gar nicht gesagt worden war. Da schickten wir diesen Übeltätern eine Strafe vom Himmel, weil sie falsch gehandelt hatten. (2:59)*

Diese Verbote sind allerdings Grenzen, bei deren Übertretung Gott sich selbst die Bestrafung vorbehält, denn diese Vergehen richten sich gegen ihn. Der Mensch kann sich nicht zum «Beschützer» Gottes erheben, weil Gott ihn nicht dazu braucht und der Mensch gar nicht dazu in der Lage ist.

Anders ist dies bei Verboten, die ein Verbrechen gegen Mitgeschöpfe oder die Schöpfung schlechthin betreffen. Das schwerwiegendste Delikt ist Mord:

Und tötet nicht das Leben, das Gott unverletzlich gemacht hat … (17:33)

Ihr, die ihr glaubt! Ihr dürft zwar Vergeltung üben für die, die getötet wurden, und zwar: der freie Mensch für den Freien, der Sklave für den Sklaven, die Frau für die Frau. Doch wenn jemandem vergeben wird, dann soll dies angemessen respektiert und die dem Mitmenschen zustehende Entschädigung auf gefällige Weise geleistet werden. Dies ist eine Erleichterung und Barmherzigkeit von eurem Herrn. Wer von nun an die Gesetze übertritt, der wird schwer bestraft. (2:178)

Hier wird gleich deutlich gemacht, dass eine Strafe auch durch die Vergebung der Betroffenen oder der Hinterbliebenen ausgesetzt werden kann, wenn der Täter oder die Täterin den Schaden wiedergutmacht.

Weitere Verbote betreffen die Veruntreuung des Vermögens von Waisen, den Zinswucher, die Zauberei (Magie), Fahnenflucht und die Verleumdung gläubiger Frauen. Abū Huraira, ein Gefährte Muhammads, berichtete, dass der Prophet gesagt hat: «Enthaltet euch der sieben unheilvollen Sünden!» Man fragte: «Und welche sind diese, Gesandter Gottes?» Er sagte: «1. Der Schirk (Gott Partner beigesellen o. Ä.); 2. die Zauberei; 3. das Töten der unantastbaren Seele außer mit einem sehr triftigen Grund; 4. der Zinswucher; 5. der Missbrauch des Eigentums der Waisen; 6. die Flucht in der Schlacht, und 7. die Verleumdung der unschuldigen, unachtsamen gläubigen Frauen.»

Als wichtige Gebote gelten vor allem auch die Anweisungen, die den Menschen vor sich selbst und die Menschen voreinander schützen, also die grundsätzlich zwischen Gut und Böse unterscheiden: *Die gläubigen Männer und die gläubigen Frauen sind einander Freunde und Beschützer. Sie gebieten, was rechtens ist, und verbieten, was Unrecht ist. Sie verrichten das Gebet, geben Spenden und gehorchen Gott und seinem Gesandten. Gott wird ihnen gegenüber barmherzig sein. Gottes Macht und Weisheit sind unvorstellbar. (9:71)*

Aber auch das eigene Benehmen, zum Beispiel im Umgang mit den Eltern oder nichtmuslimischen Mitmenschen, ist Gegenstand der Gebote Gottes: *Verehrt Gott und stellt nichts neben ihn! Seid gut zu den Eltern, den Verwandten, den Waisen und Bedürftigen, den verwandten Nachbarn, den nichtverwandten Nachbarn, den nächsten Freunden, den Reisenden und den Leibeigenen. Gott liebt nicht diejenigen, die überheblich sind. (4:36)*

Auf die meisten dieser Gebote folgen keine Androhungen von Strafen, allerdings kann man in der Gemeinschaft an Ansehen verlieren, wenn man sie nicht befolgt.

Oft werden Empfehlungen als Verbote oder Gebote angesehen, weil sie eine lange Tradition in der eigenen Gemeinschaft haben. Der Koran aber fordert, dass jeder Mensch sich seine eigenen Gedanken macht und auch eigene Entscheidungen trifft. Dabei lassen sich bestimmte Leitlinien aus dem Koran ableiten, die den Menschen behilflich sein können:

- Gerechtigkeit
- Maßhalten in allen Dingen
- Das Erkennen von Gutem und Schlechtem und gegebenenfalls das Gegeneinanderabwägen
- Das Wählen des kleineren Übels in Problemfällen
- Verzicht auf Zwang
- Gesicherte Überlebensgrundlagen für alle Mitglieder der Gesellschaft
- Keine Privilegien und Hierarchien (Vorrangstellungen)
- Respekt und Pflege der Lebensgrundlagen, insbesondere auch der Natur

Diese Leitlinien für ein friedliches Zusammenleben sowohl unter Muslimen als auch mit Nichtmuslimen lassen sich ganz oder teilweise in den Verfassungen verschiedenster Länder auf der ganzen Welt wiederfinden. Das zeigt, dass Muslime auch als religiöse, fromme Menschen in den meisten Staaten ohne größere Konflikte leben können. Es bleibt die Frage, ob die Gebote aus den heiligen Schriften für jeden zu jeder Zeit absolut bindend sind oder ob es immer noch die Freiheit gibt, sich anders zu entscheiden.

Was ist halal? Speisegesetze

Ein paar Gebote und vor allem Verbote betreffen die Ernährung. Überall auf der Welt entstanden schon früh Speisevorschriften. Die Menschen kannten natürlich jeweils nur das, was sie in der Region, in der sie lebten, an Tieren und Pflanzen antrafen, und so entwickelten sich ganz unterschiedliche Vorstellungen. Für den Propheten Muhammad waren beispielsweise Datteln ein einfaches und billiges Grundnahrungsmittel, sie spielen traditionell beim Ende des Fastens immer noch eine Rolle.

Schweinefleisch. Der Mensch hat sich im Laufe seiner Entwicklung bestimmte Tiere dienstbar gemacht. Er machte aus wilden Tieren Haus- und Nutztiere. Er züchtete sie, trank ihre Milch, verwertete ihr Felle. Dabei kam es immer darauf an, welche Tiere es überhaupt in seinem Lebensraum gab, ob sie viel oder wenig fraßen, ob ihre Zucht aufwändig oder teuer war und wie viel von den Tieren später verwendet werden konnte. Ein Schwein lieferte zum Beispiel nur Fleisch, keine Milch, keine Wolle, und man konnte es auch nicht als Zug- oder Lasttier verwenden. In bestimmten Regionen der Welt entwickelte sich daher auch eine bestimmte Wertigkeit einzelner Tierarten. Im Laufe der Zeit konnte dies sogar zu einem Merkmal für bestimmte Gruppen werden: Die einen aßen keine Schweine, die anderen keine Kühe. So entstanden Traditionen, die gepflegt wurden. Auch Religionen machten sich diese Unterschiede einzelner Gruppen im Umgang mit Tieren zu eigen – einige stärker, wie der Islam, das Judentum oder der Hinduismus, andere weniger, wie das Christentum. So wurden manche Tiere zu reinen erklärt, andere zu unreinen. Dafür, dass der Verzehr von Schweinefleisch im Islam verboten ist, gibt es mehrere Erklärungen:

- Schweine sind unsaubere Tiere.
- Schweinefleisch verdirbt in den warmen und regenarmen Regionen des Orients schneller als andere Fleischsorten und verbreitet Krankheiten.
- Durch das Verbot wollte man sich von Völkern abgrenzen, die (wie die alten Ägypter) an mehrere Götter glaubten und ihnen auch Schweine opferten.
- Die Muslime haben es einfach von den Juden übernommen, bei denen Schweinefleisch ebenfalls verboten ist.

Für die meisten Muslime zählt aber letztlich nur, dass der Koran ganz deutlich sagt: *Verboten ist euch das, was als Aas verendet ist, ebenso Blut und Schweinefleisch. (5:3)* Schweine sind übrigens die einzige Tierart, die im Zusammenhang mit Speiseregeln im Koran ausdrücklich genannt wird. Eine Erklärung dafür liefert der Koran nicht.

Anders ist das beim Alkohol, der den Muslimen (außer als Bestandteil von Medikamenten) ebenfalls strikt verboten ist. Hier gibt der Koran mehrere Hinweise auf die Begründung, etwa: *Ihr Gläubigen, kommt, wenn ihr betrunken seid, nicht zum Gebet. (4:43)*

Der Koran sagt aber auch, was man bedenkenlos essen darf: zum Beispiel alles, was aus den Ozeanen kommt und genießbar ist: *Er ist es, der das Meer in euren Dienst gestellt hat, damit ihr frische Nahrung daraus habt. (16:14)* Auch Getreide, Oliven, Granatäpfel (6:141), Milch, Weintrauben und Honig (16:66–69) werden im Koran besonders hervorgehoben.

Die Speiseregeln für Muslime sind nur grob im Koran niedergelegt. Die genauen Gesetze wurden erst später von Gelehrten formuliert. Die Regeln ähneln stark denen des Judentums, sind aber nicht so umfangreich und ausgeprägt wie dort:

- Neben Fleisch von Schweinen dürfen Muslime keine Raubtiere essen.
- Das Fleisch darf nicht von Tieren stammen, die einem anderen Gott außer Gott dargebracht wurden.
- Vom Verzehr ausgeschlossen sind auch Tiere, die nicht geschlachtet oder auf einer Jagd erlegt wurden, sondern auf andere Weise gestorben sind.

Das Schächten. Auf diese Regeln bauen schließlich die Vorschriften im Umgang mit Fleisch auf. Damit es «halal», also rein und zum Essen erlaubt ist, bestehen viele Gläubige darauf, dass ein Tier in einer bestimmten Art und Weise geschlachtet wird. Beim sogenannten Schächten wird ihm mit einem sauberen Schnitt die Kehle durchtrennt, sodass das Blut ganz auslaufen kann, denn, wie es im oben zitierten Koranvers heißt, der Verzehr von Blut ist verboten. Außerdem gehört zur Vorstellung von «halal» auch eine artgerechte Haltung des Schlachttiers und dass das Tier nicht leiden darf.

Darüber gab und gibt es in Deutschland Diskussionen. Die deutschen Gesetze sehen vor, dass Tiere vor der Schlachtung betäubt werden müssen. In betäubtem Zustand ist jedoch nicht gesichert, dass das Blut den Tierkörper ganz verlassen kann. Seit einem Urteil des Bundesverfassungsgerichts aus dem Jahr 2002 können Muslime auf Antrag Ausnahmegenehmigungen erhalten, um das Schächten durchzuführen. Trotzdem ist es nicht ganz leicht, in Deutschland Halal-Fleisch zu finden. Manche Muslime machen es daher so, dass sie zwar Halal-Fleisch vorziehen, wenn sie es aber nicht bekommen können, essen sie auch die erlaubten Fleischsorten aus Supermärkten, Metzgereien oder Restaurants. Manche Muslime kaufen auch im benachbarten Ausland oder zahlen für die rituelle Schlachtung, die dann in anderen Ländern durchgeführt wird.

Mit dem heutigen Nahrungsmittelangebot sind neue Fragen aufgekommen. die von Muslimen diskutiert werden, zum Beispiel: Darf man Gummibärchen essen? Zu deren Produktion wird Gelatine verwendet, eine leimartige Substanz, die unter anderem zum Eindicken und Binden von Speisen dient. Gelatine wird jedoch häufig aus Schweineknochen hergestellt. Manche sagen nun, Muslime dürfen sie deshalb nicht essen. Andere sagen, durch den Herstellungsprozess von Gelatine und Gummibärchen sind die tierischen Bestandteile so verfremdet worden, dass man nicht mehr von Schweinefleisch reden könne. Letztlich muss auch hier wieder jeder Muslim für sich selbst entscheiden, welcher Auffassung er folgen will und was für ihn mit Gottes Geboten vereinbar ist.

Seit den Zeiten Muhammads bemühen sich die Menschen, den Koran richtig zu verstehen. Dies wird in der Wissenschaft Koranexegese genannt. Exegese bedeutet «Auslegung» oder auch Erklärung und bezeichnet im engeren Sinne die Interpretation von zentralen Aussagen und Inhalten eines Textes. Bei der Koranexegese wird von «Erklärung» *(tafsīr)* und «Deutung» *(taʾwīl)* gesprochen. Dabei wird zunächst untersucht und kommentiert, welche Bedeutung und historische Grundlagen einzelne Wörter haben. Anschließend geht es um die Sinnzusammenhänge und damit die Bedeutung des ganzen Verses. Einer der ältesten und bekanntesten Korankommentare ist der von at-Tabarī (839–923), weitere bekannte Sammlungen sind die von az-Zamachscharī (um 1100) und von Ibn Kathīr (14. Jahrhundert).

At-Tabarī kommentiert auf die klassische Art und Weise, indem er zunächst sprachliche Bedeutungen erklärt, dann die historischen Zusammenhänge der Offenbarung aufzeigt (*asbāb an-nuzūl* = «Anlass für eine Herabsendung») und schließlich auf verschiedene frühere Interpretationen eingeht. Zum Schluss stellt at-Tabarī seine eigene Interpretation zum jeweiligen Vers dar, indem er die für ihn wahrscheinlichste Auslegung in den Vordergrund stellt.

Zur Exegese gehört auch die Wissenschaft von den Lesarten des Korans. Die arabische Schrift enthält fast nur Konsonanten, kaum Vokale. Und da der ursprüngliche Korantext nicht mit zusätzlichen Vokalzeichen verdeutlicht war, haben sich sieben klassische Lesarten ergeben. Sie wurden vor allem in Basra und Kufa entwickelt und im Laufe der Jahrhunderte systematisch zusammengestellt. Ziel war, dass die Gelehrten sich auf einen einheitlichen Korantext einigten. Denn der Koran ist Gottes ureigenes Wort. Muslime bemühen sich deshalb, ihn beispielsweise beim fünfmaligen Gebet nicht nur im Inhalt, sondern auch in der Aussprache stets korrekt wiederzugeben.

Einige Korankommentare orientieren sich nicht in erster Linie an den Koranversen, sondern richten sich nach der Hadithliteratur (siehe S. 74 f.) Darin werden die Aussagen des Korans durch die Überlieferungen über den Propheten Muhammad erklärt. Diese Erläuterungen sind sehr unterschiedlich und spiegeln von Beginn an verschiedene, manchmal auch gegensätzliche Denkweisen wider.

Ein gutes Beispiel hierfür ist die Haltung beim Gebet, denn diese wird im Koran nicht genau beschrieben. Verschiedene Zeitgenossen des Propheten haben ihn in unterschiedlichen Haltungen beten gesehen, und daraus leiten die Rechtsschulen ihre jeweilige Form des Gebets ab.

Es gibt einige strenggläubige Kreise, die der Koranexegese skeptisch gegenüberstehen. Sie vertreten die Meinung, dass die Auslegung allein auf Aussagen des Propheten beruhen darf. Das ist allerdings nicht so einfach, da viele Aussagen des Propheten sich auf eine bestimmte Situation bezogen und nur mit den Verhältnissen zu seinen Lebzeiten zu erklären sind. Daher führt diese Form der Interpretation zu einer starken Einschränkung der Bedeutungsmöglichkeiten einzelner Koranstellen. Da ihre Verfechter ihre Deutung für unangreifbar halten, also keine andere Auslegung zulassen, spricht man auch von einer dogmatischen Verengung.

Ein Großteil der Kommentierungen befasst sich vor allem mit Rechtsfragen. Das heißt, es wird versucht zu klären, was Gläubige tun müssen und was sie zu unterlassen haben. Darüber hinaus gibt es solche, die vor allem den «inneren Sinn» der Verse erfassen wollen. Diese Kommentierungen sind vorwiegend in

Die Vokalisierung

Das arabische Alphabet enthielt zunächst nur Zeichen für Konsonanten und die Langvokale* ā, ī, ū. Wörter im Korantext können, je nachdem mit welchen Vokalen sie vervollständigt wurden, unterschiedliche Bedeutungen haben. Erst durch die spätere Vokalisierung wurde der Text eindeutig lesbar.

Als der Koran aufgeschrieben wurde, war diese Mehrdeutigkeit nicht problematisch, da der Text vorwiegend mündlich weitergegeben wurde.

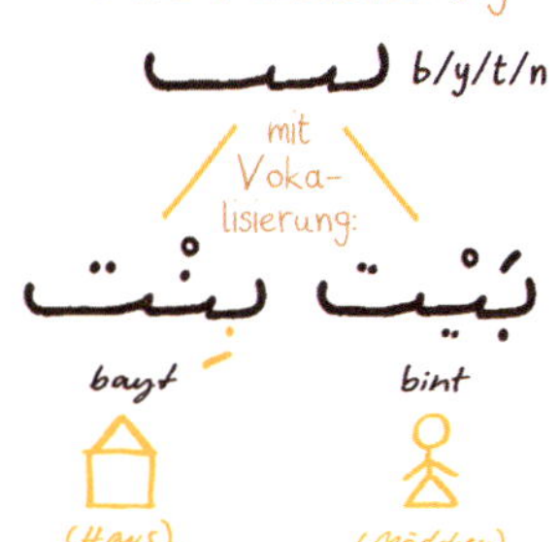

* Es gibt lange und kurze Vokale

 der Mystik zu finden. Den Mystikern geht es weniger um Regeln des Zusammenlebens als vielmehr um die Frage, wie der Gläubige Gott möglichst nahe kommen kann.

Im Koran finden sich Hinweise darauf, wie er zu verstehen ist. Er erklärt sich an diesen Stellen selbst. Einer der Schlüsselverse ist Vers 3:7: *Er ist es, der dir das Buch offenbart hat. Darin stehen eindeutige Verse und solche, die man unterschiedlich verstehen kann. Leute aber, die Abspaltung auslösen wollen, konzentrieren sich auf das, was unterschiedlich interpretiert werden kann. Sie wählen aus, was Verwirrung erzeugen kann, und missdeuten die eigentliche Bedeutung durch willkürliche Auslegung. Aber die eigentliche Bedeutung kennt nur Gott allein. Deshalb sagen auch diejenigen, die tiefer gehendes Wissen haben: «Wir glauben daran. Alles, das Mehrdeutige und das Eindeutige, ist von unserem Herrn.»*

Einige Verse sind eindeutig, andere sind mehrdeutig, aber nur Gott weiß, um welche Verse es sich jeweils handelt. Daher kann sich das Verständnis von Versen im Laufe der Geschichte ändern. So waren etwa in der frühislamischen Zeit viele Verse mit naturwissenschaftlichen Inhalten mehrdeutig zu verstehen. Erst mit dem Fortschritt in der Wissenschaft, durch den bestimmte Phänomene plötzlich bewiesen werden konnten, wurden die Verse eindeutig.

Viele Muslime trauen sich nicht zu, selbst mit dem Text umzugehen, obwohl der Grundsatz gilt, dass der Koran ein Buch für alle Zeiten und für alle Menschen ist. Bereits Ende des 19., Anfang des 20. Jahrhunderts gab es erste Versuche, die Methode, den Koran zu verstehen, zu vereinfachen. Auch Menschen ohne religiöse Vorbildung sollte ein Zugang zu Text und Auslegung ermöglicht werden. Die neuere Auslegung bezieht sich weniger auf arabische Grammatik und andere sprachliche Einzelheiten als vielmehr auf rechtliche und theologische Grundfragen. Hierbei verlassen sich die Menschen auf die Interpretationen muslimischer Denker; die bekanntesten der Neuzeit sind Muhammad Abduh (1849–1905) und Sayyid Qutb (1906–1966). Auf Sayyid Qutb berufen sich insbesondere fundamentalistische Gruppierungen, um die Meinungsvielfalt einzudämmen und eine einheitliche Ausrichtung anzustreben.

Es gibt Unterschiede der Koranauslegung zwischen Sunniten und Schiiten (siehe S. 77 f.). Das liegt unter anderem daran, dass die Schiiten bei der Klärung der Bedeutung von Texten die Angaben von Muhammads Schwiegersohn Ali und der ihm nachfolgenden Imame bevorzugen. Das machen Sunniten in dieser Ausprägung nicht. Sie nehmen eher Bezug auf die anderen Nachfolger des Propheten.

Manche Sammlungen von Kommentaren beziehen sich auf Verse, für deren Offenbarung es im Alltag des Propheten und seiner Gefährten einen ganz bestimmten Anlass gab. Erste Hinweise auf solche Anlässe gibt es schon in der Lebensgeschichte Muhammads, die Ibn Isḥāq verfasst hat. Er erzählt zum Beispiel, dass nach der Schlacht von Badr im Jahre 624 die 8. Sure über die Beute offenbart worden sei. Ibn Isḥāq geht so vor, dass er jeweils die Ereignisse aus dem Prophetenleben schildert und danach die entsprechenden Koranverse zitiert. Anders der erwähnte at-Tabarī, der den Koranvers am Anfang zitiert, dann seine Entstehung schildert und für die Belege eine ununterbrochene Kette von Überlieferern bis hin zum Propheten Muhammad selbst nennt.

Zum Beispiel Alkoholverbot. Ein Beispiel für ein Ereignis zu Lebzeiten des Propheten, das zu einem Koranvers geführt hat, wird bei at-Tirmidhī (825–892) geschildert: «ʿAbdarrahmān ibn ʿAuf ließ Essen und Getränke vorbereiten und lud dazu eine Gruppe von Gefährten des Gesandten ein. Sie aßen und tranken, bis sie betrunken waren. Dann setzten sie einen Vorbeter an ihre Spitze, damit er das Abendgebet mit ihnen verrichtet. Er rezitierte dann: ‹Sag: Ihr Ungläubigen! Ich verehre, was ihr verehrt, und ihr verehrt, was ich verehre. Und ich verehre, was ihr (bisher immer) verehrt habt, und ihr verehrt, was ich verehre. Ihr habt eure Religion und ich die meine.› Da sandte Gott diesen Vers herab: ‹Kommt nicht betrunken zum Gebet, ohne vorher (wieder zur Besinnung gekommen zu sein und) zu wissen, was ihr sagt!›» (Ismāʿīl ibn Isḥāq al-Dschahḍamī: «Aḥkām al-Qurʾān», S. 121–122, Nr. 127)

Der Angetrunkene hat also die 109. Sure (*al-kāfirūn*, «Die Ungläubigen») falsch rezitiert, und zwar derart, dass ihr Sinn ins Gegenteil verkehrt wurde. Daraufhin soll der Vers 4:43 *Ihr Gläubigen, kommt, wenn ihr betrunken seid, nicht zum Gebet, bis ihr wieder nüchtern seid und genau wisst, was ihr sagt* offenbart worden sein.

Dieser Vers ist ein Grund dafür, dass nach Meinung der meisten Kommentatoren Muslimen heute das Trinken von Alkohol verboten ist. Er steht auch in der Tradition der sogenannten Aufhebung (Abrogation) einzelner Koranverse. Offenbarte Koranverse sind zwar ewig gültig und dürfen nicht abgeändert oder verworfen werden, sie können aber unter Umständen weitergedacht werden. Nun gibt es auch Koranverse, die sich mit anderen zu widersprechen scheinen. In so einem Fall kann es sein, dass es neuere und ältere Verse gibt. Die neueren heben dann die älteren auf oder aktualisieren sie. Für das vollständige Verbot von Alkohol finden sich im Koran drei Verse, die nach und nach strenger werden.

Zunächst wurde nach der Überlieferung folgender Vers offenbart: *Und wenn sie dich befragen über Dinge, die berauschen, und über das Glücksspiel, sag: «Beide haben sowohl Schlechtes als auch Nutzen für den Menschen. Das Schlechte aber ist größer als der Nutzen.» (2:219)*

Das bedeutet, dass durchaus berauschende Getränke genossen wurden, da der Koran von ihrem Nutzen spricht. Dann kam es zu dem oben erwähnten Ereignis, und der jüngere Vers 4:43 wurde offenbart, so dass nur dann getrunken werden konnte, wenn man nicht unmittelbar vor oder bei einem Gebet war.

Als aber die Trunkenheit überhandnahm, wurde folgende Ermahnung offenbart: *Ihr, die ihr glaubt! Dinge, die berauschen, Glücksspiel, Opfersteine und Lospfeile sind etwas Schreckliches, das Werk Satans. Also haltet euch von diesen Sachen fern, damit ihr erfolgreich im Leben sein könnt! (5:90) Satan will durch die berauschenden Dinge und das Glücksspiel nur Feindschaft und Hass zwischen euch säen, um euch von den Gedanken an Gott und vom Gebet abzuhalten. Werdet ihr euch wirklich abhalten lassen? (5:91) Gehorcht lieber Gott und gehorcht dem Gesandten und seid auf der Hut! Wenn ihr euch dennoch von unserem Gesandten abwenden wollt, seid euch bewusst, dass es seine Aufgabe ist, die ihm anvertraute Botschaft auszurichten. (5:92)*

Ähnlich wie mit den Versen zum Alkoholkonsum verhält es sich aus Sicht der meisten Kommentatoren mit den Versen über das Gebet und den Hadsch, die Pilgerfahrt. Im Vers 2:238 heißt es: *Haltet die Gebete ein, auch das mittlere, und stellt euch demütig vor Gott hin!* Die Kommentatoren gehen davon aus, dass hier die fünf täglichen Pflichtgebete gemeint sind. Die Zahl fünf steht zwar nicht direkt im Koran, aber durch das Vorbild des Propheten gelten sie als festgesetzt. Der Begriff «mittleres Gebet» bezieht sich nach Meinung der verschiedenen Kommentatoren vermutlich auf das Nachmittagsgebet.

 Die Koranexegese findet auch in der islamischen Rechtsprechung ihren Niederschlag. Die Interpretationen zur Rechtsfindung sind eine «Anstrengung» *(idschtihād),* die von einem Team von Rechtsexperten vorgenommen wird. Sie sind nur dann für jedermann wirksam, wenn daraus eine gesetzgebende Wirkung hervorgeht. Dies ist aber in einem säkularen Rechtsstaat wie der Bundesrepublik Deutschland nicht der Fall.

Somit ist jede Muslimin und jeder Muslim dazu aufgerufen, sich selbst mit dem Koran zu beschäftigen und die Fragen, die ihr oder sein persönliches Leben betreffen, auch eigenständig zu entscheiden. Dabei darf allerdings nicht willkürlich vorgegangen werden, eine vernunftgeleitete Denkweise ist gefordert. Jeder Mensch sollte sich den Koran persönlich zu eigen machen, wobei klar ist, dass jede Übersetzung des Korantextes bereits eine Art Interpretation darstellt. Diese Beschäftigung mit der Schrift wird immer wieder im Koran angemahnt: *Es ist ein Buch voll des Segens, das wir dir offenbart haben. Mögen die Menschen über die Verse nachdenken, und mögen diejenigen, die mit Vernunft beschenkt sind, die Verse für sich annehmen. (38:29)*

So gilt im modernen Verständnis auch die individuelle Auseinandersetzung mit dem Koran als Idschtihad. Dabei sind eine ernsthafte Absicht *(niyya)* wesentlich und der Blick auf den gesamten «Geist der Schrift», also nicht nur auf eine einzelne Koranstelle. Da der Koran ja in eine bestimmte Zeit hinein offenbart wurde, muss dieser geschichtliche Zusammenhang immer berücksichtigt werden. Natürlich scheiden sich hier die Geister. Manche sind der Auffassung, dass Interpretationen, für die lange Zeit eine breite Zustimmung herrschte, nicht offen für den Idschtihad, also für eine mögliche Neubeurteilung, sind. Das nutzen sie dann meist dazu, herkömmliche Lebensvorstellungen zu verfestigen, etwa dass es einer muslimischen Frau nicht gestattet sei, einen nichtmuslimischen Mann zu heiraten. Das ist koranisch allerdings nicht belegbar, und somit gibt es auch Gelehrte, die anders denken und eine solche Verbindung für legitim halten.

Ein besonderer Anstoß für eine undogmatische, also nicht festgelegte Auslegung ergibt sich auch daraus, dass sich strittige Vorstellungen im Laufe der Jahrhunderte immer wieder gewandelt haben. Wir haben heute ganz andere Probleme als die Menschen zu Muhammads Lebzeiten oder etwa im 15. Jahrhundert. Die Interpretationen früherer Gelehrter haben keinen Ewigkeitscharakter, sie müssen nicht unbedingt heute noch angewendet werden. Das Wesen des Korans liegt genau darin, in jeder Zeit und für jede Herausforderung neue Zugänge zu entwickeln, selbst wenn dadurch bestehende Machtverhältnisse in der islamischen Theologie in Frage gestellt werden. Es muss also darum gehen, den islamischen Geist in unsere Zeit zu tragen.

Theologische Schulen

Zur Zeit der Offenbarung war es zum Verständnis des Korans immer wieder möglich, beim Propheten direkt nachzufragen. Nachdem die Offenbarung mit dem Tod des Propheten abgeschlossen war, mussten die Gläubigen eigene Lösungen finden. Schon früh, im 8. und 9. Jahrhundert, bildeten sich unterschiedliche Theologische Schulen heraus: zunächst die freidenkerischen Mutaziliten und als Antwort darauf die traditionstreueren Aschariten und die Maturiditen.

Mutaziliten. Die Lehre der *Muʿtazila* («die Zurückgezogenen») basiert auf folgenden besonderen Prinzipien:

- Die Gerechtigkeit Gottes: man glaubt, dass Gott in allem gerecht ist.
- «Die Zusicherung und die Drohung»: die Taten des Menschen während seines Lebens beeinflussen sein Leben nach dem Tod.
- Das «Zwischenstadium» zwischen dem Gläubigen und dem Ungläubigen: es gibt eine weitere Kategorie, nämlich die des «Sünders».
- «Das Rechte gebieten und das Verwerfliche verbieten.»

Wichtig war außerdem die aus dem Koran abgeleitete These, dass der Koran ebenfalls «geschaffen» sei, zu einer bestimmten Zeit und unter bestimmten Umständen. Dadurch war es möglich, ihn kritisch zu betrachten. Besonders hier gab es harte Auseinandersetzungen mit den islamischen Strenggläubigen wie etwa Ibn Hanbal (780–855), dem Gründer der Hanbalitischen Rechtsschule (siehe S. 61). Für die Mutaziliten sind Vernunft und Willensfreiheit oberstes Prinzip für das Verständnis von Offenbarung und Überlieferung wie auch für deren praktische Umsetzung, besonders wenn es um Veränderungen in der Gesellschaft geht.

Ascharíten. Im Gegensatz hierzu steht die Lehre der Ascharíten, so benannt nach ihrem Gründer Abū l-Hasan al-Aschʿarī (873–935). Sie ist traditionsgebundener und dogmatischer ausgerichtet. Sie teilt einige Grundsätze der Mutaziliten, hält aber insbesondere fest:

- Gott sitzt auf seinem Thron, wie er es im Koran gesagt hat, und diese Aussagen sind wörtlich zu nehmen.
- Es gibt keinen Schöpfer außer Gott, Gott schafft die Taten der Menschen, die guten wie die bösen, und die Menschen sind nicht in der Lage, irgendetwas zu erschaffen.
- Der Koran ist das Wort Gottes und unerschaffen.
- Gott kann am Tag der Auferstehung real mit den Augen gesehen werden.
- Der Glaube besteht aus Wort und Tat und kann zunehmen oder abnehmen.

Al-Aschʿarī verwendete diese Grundsätze als Argumente in seiner Beweisführung (Dialektik) in Glaubenssachen. Sein Ziel war es, die in seinen Augen abtrünnigen Mutaziliten zu widerlegen.

Maturiditen. Diese Lehre, auf die sich heute besonders Muslime aus der Türkei berufen, geht auf den Gelehrten Abū l-Mansūr al-Māturīdī (gest. 956) aus Samarkand zurück. Für sie ist die Vernunft ein Instrument der Gotteserkenntnis, aber sie verpflichtet – anders als bei den Mutaziliten – nicht von sich heraus dazu, Gott zu erkennen. Die Maturiditen lehren wie die Ascharíten die absolute Allmacht Gottes, der alles vorherbestimmt, teilen aber zugleich mit den Mutaziliten den Glauben an die Freiheit und Verantwortlichkeit des Menschen. Am Jüngsten Tag wird Gott die Taten der Menschen gerecht beurteilen.

Nicht erst in der heutigen Zeit können die Muslime sich mit den Argumenten beider Seiten auseinandersetzen und selbst ihre Schlussfolgerungen ziehen. Niemand kann sie als Abtrünnige bezeichnen, wenn sie sich nach gründlichem Nachdenken der einen oder anderen Meinung anschließen.

Die traditionellen Vorstellungen scheinen oft nicht mehr mit der heutigen Zeit vereinbar. Sie werden aber häufig noch damit gerechtfertigt, dass diese oder jene Anordnung von diesem oder jenem gelehrten Menschen getroffen wurde oder bestimmte Dinge «schon immer» in der Gemeinde traditionell gehandhabt wurden. Dabei ließen sich ganz einfache Regeln, auch aus dem Leben des Propheten, durch logisches Nachdenken auf die heutige Zeit übertragen, wie die Geschichte von Muʿādh Ibn Dschabal zeigt (siehe S. 59). Wenn sowohl Gott als auch der Prophet die Menschen dazu auffordern, vernunftgemäß zu urteilen, können wir dem nicht einfach ausweichen. Gott fordert die Eigenverantwortung jedes Einzelnen: *Denkt an den Tag, an dem keine Seele mehr etwas für eine andere tun kann, an dem von ihr weder eine Wiedergutmachung angenommen noch eine Bitte erhört wird und an dem niemand mehr Hilfe bekommt. (2:123)*

5. Die Scharia, das islamische Recht

Der Weg zur Wasserquelle

Scharia wird häufig mit «islamisches Recht» oder «islamische Gesetzgebung» oder gar «Strafrecht» übersetzt. Allerdings bedeutet das arabische *scharī*ʿ*a* eigentlich «der Weg zur Wasserquelle». Ein sehr schöner Vergleich, denn aus einer Quelle kann der Mensch immer wieder neu schöpfen. Er erhält immer frisches Wasser, nicht das vielleicht schon abgestandene Wasser aus früheren Zeiten.

So ist Scharia zu verstehen, und so wurde sie auch in früher islamischer Zeit gesehen: als eine Art Struktur oder Gerüst für die Pflichten der Muslime gegenüber Gott, für das sittliche Verhalten gegenüber den Mitmenschen und für immer neue Rechtsauslegungen. Die islamische Rechtswissenschaft wird Fiqh genannt. Das bedeutet, dass koranische Aussagen auf eine aktuelle Situation bezogen und dann auch zur Grundlage von Gesetzesvorlagen und Verordnungen werden können. Diese Verordnungen sind nicht mit der Scharia selbst gleichzusetzen. Sie sind stets veränderbar und auch immer wieder verändert worden.

Als ein Beispiel, wie Recht gesprochen werden kann, wird oft eine Geschichte vom Propheten Muhammad berichtet, der einen seiner Gefährten, nämlich Muʿādh Ibn Dschabal, in den Jemen schickte, um die dortige Gemeinde zu leiten. Mit ihm soll er folgenden Dialog geführt haben:

Der Prophet Muhammad fragte Muʿādh: «Wonach wirst du entscheiden, wenn du im Jemen bist?» Worauf Muʿādh geantwortet haben soll, er werde im Koran nachsehen. Als der Prophet nachfragte: «Und wenn du dort nichts findest?», soll Muʿādh geantwortet haben, dass er sich dann an der Lebensweise des Propheten orientieren werde. Auf die erneute Frage des Propheten: «Und wenn du auch dort nichts findest?», soll Muʿādh geantwortet haben, Gott habe ihm schließlich einen Verstand gegeben, der ihn dazu befähige, eigene Entscheidungen zu treffen.

Diese Geschichte hebt nicht nur deutlich die Eigenverantwortlichkeit des Einzelnen hervor, sie ist außerdem die Grundlage für das älteste Rechtsinstrument: die Entscheidung aufgrund der Bildung einer eigenständigen Meinung *(raʾī)*.

Die selbständige, von der Vernunft geleitete Interpretation der Rechtsquellen, der Idschtihad, ist die eigentliche Grundlage des islamischen Rechtsdenkens. Die beiden grundlegenden Rechtsquellen sind der Koran und die Sunna, niedergelegt in den Hadithen (siehe S. 74–76). Diese Praxis wurde allerdings in orthodoxen muslimischen Kreisen immer wieder zurückgedrängt und unterbunden. Es bildete sich die Vorstellung heraus, dass das «Tor des Idschtihad» mit der Entstehung der Rechtsschulen geschlossen worden sei. Seither bemühen sich viele Muslime darum, dieses Tor wieder zu öffnen und ein neues offenes, selbständiges Denken zu ermöglichen.

Rechtsschulen

Durch die schnelle Ausbreitung des Islams ergaben sich immer neue Fragen, nicht nur nach Glaubensinhalten, sondern auch in der Gestaltung des Alltags und der Rechtsprechung. Im Laufe der Zeit bildeten sich hierdurch Rechtsschulen heraus: An ganz unterschiedlichen Orten entstanden Gruppierungen, die bei der Ausarbeitung des Rechtssystems das islamische Recht unterschiedlich auslegten. Gerade hierin zeigt sich die Fähigkeit der früheren Muslime, immer wieder neue Möglichkeiten aus dem Koran zu erarbeiten, um Antworten auf die Fragen ihrer Zeit zu finden. Darin liegt eine Dynamik, die heute verloren gegangen zu sein scheint.

Vier Rechtsschulen erlangten die größte Verbreitung, sie gehören alle zur sunnitischen Strömung des Islams (siehe S. 77–79).

Die hanafitische Rechtsschule. Abū Hanīfa, eigentlich an-Nuʿmān ibn Thābit, wurde 697 in Kufa geboren und starb 767 in Bagdad. Er galt als außerordentlich kompetent und war der Erste, der die rechtswissenschaftliche Theorie systematisierte. Er verfasste zahlreiche Bücher und ließ neben dem Koran nur eine geringe Zahl von Hadithen zu, und zwar die, die zweifelsfrei auf Muhammad selbst zurückgehen. Die hanafitische Rechtsschule ist vor allem in der Türkei, Syrien, dem Libanon, Jordanien, Afghanistan, Pakistan und Indien vertreten.

Die malikitische Rechtsschule. Malik ibn Anas wurde 715 in Medina geboren und starb dort 795. Er wird der zweiten Generation der Prophetengefährten zugeordnet. Zum Verfassen normativer Texte waren für ihn vorwiegend sein eigenes Urteil und vor allem der Verstand maßgeblich. Er verfasste das älteste islamische Rechtsbuch, «al-Muwatta». Die malikitische Rechtsschule ist vorwiegend in Nordafrika verbreitet, im Maghreb, also im Westen (arabisch *gharb*), von der Arabischen Halbinsel aus gesehen.

Die schafiitische Rechtsschule. Muhammad asch-Schāfiʿī wurde im Jahre 767 in Gaza geboren und starb 820 in Kairo. Seine Kindheit verbrachte er in Mekka. Später ging er nach Medina, reiste viel und widmete sich dem Studium des islamischen Rechts. Er gilt als einer der bedeutendsten Theoretiker des islamischen Rechts. Asch-Schāfiʿī bemühte sich, zwischen Konservativen und Liberalen einen eigenen Weg der Rechtsfindung zu entwickeln. Die schafiitische Rechtsschule findet sich heute vorwiegend in Ägypten, Jordanien und Indonesien.

Die hanbalitische Rechtsschule. Ahmad ibn Hanbal wurde 780 in Bagdad geboren, wo er auch 855 starb. Er hat dort Recht und Hadithwissenschaft studiert und gilt als bedeutender Theologe und Rechtsgelehrter. Auch er reiste während seiner Studien viel und war ein Schüler von Muhammad asch-Schāfiʿī. Ibn Hanbal sprach sich gegen die eigenständige Lehrmeinung *(raʾy)* aus. Er ließ auch den Analogieschluss *(qiyās)* nur beschränkt zu, der die aus Koran und Hadithen abgeleiteten Rechtsvorschriften auf neue, noch nicht gelöste Fälle überträgt. Heute ist die strenge hanbalitische Rechtsschule vor allem in Saudi-Arabien und in einigen Staaten am Persischen Golf zu finden.

Als Grenzstrafen (*hadd, hudūd* für «Grenze(n)»), das heißt harte Strafen, werden im islamischen Rechtsdenken die Strafen bezeichnet, die entweder eine körperliche Züchtigung oder gar die Hinrichtung für das Begehen bestimmter Sünden vorsehen. Solche Strafen können nach klassisch-islamischem Recht diejenigen treffen, die bestimmte Verbote Gottes überschritten haben. Diese Verbote beziehen sich vor allem auf «Unzucht» (*zinā'*, dazu gehören u. a. Ehebruch, Prostitution, auch homosexuelle Handlungen), auf Diebstahl *(sariqa)* und auf den Konsum von Berauschendem *(schurb al-chamr)*. Auf Unzucht steht – je nach Schwere der Tat – zum Beispiel Auspeitschung, mitunter sogar der Tod durch Steinigung. Diebstahl kann unter bestimmten Umständen mit dem Abhacken einer Hand und der Konsum von Alkohol mit Stockschlägen bestraft werden. Wenn der Täter die Tat bereut, ist eine solche Strafe eigentlich nicht mehr zulässig, sagt Vers 5:33.

Diese Grenzstrafen werden nur in ganz wenigen islamischen Ländern so vollstreckt, etwa in Saudi-Arabien, Jemen, Pakistan oder Iran. Die meisten Staaten mit großer muslimischer Bevölkerung haben das göttliche Gesetz nicht im staatlichen Gesetz verankert.

Was ist eine Fatwa?

Eine Fatwa ist ein Rechtsgutachten und nicht, wie häufig gehört, ein Urteil oder gar ein Todesurteil. Das bedeutet, es wird ein bestimmtes Problem begutachtet und versucht, eine Lösung zu finden, die sich aus Koran und Prophetentradition ableiten lässt. Es gibt unterschiedliche Gremien, die sich mit der Erstellung von Rechtsgutachten beschäftigen, aber meist sind es Einzelpersonen. Ein solches Gutachten hat nur einen beschränkten Gültigkeitsbereich, denn ein Fatwageber, der Mufti, sollte auch immer die sozialen und kulturellen Umstände berücksichtigen, in denen der oder die Fragende lebt. Eigentlich gilt eine solche Fatwa also nur für den Ratsuchenden. Allerdings sind die Auswirkungen einer Fatwa oft so, dass sie denen eines Urteils gleichkommen.

Eine Fatwa, die Auswirkungen auf Gesetze hat, darf – nach klassischer Tradition – nur von einer theologisch besonders geschulten Person gegeben werden. Wie zu jedem Rechtsgutachten kann auch jederzeit ein Gegengutachten erstellt werden. Die Verbindlichkeit basiert auf der Autorität des Fatwagebers oder der Fatwageberin.

Da eine Fatwa von den jeweiligen Umständen des Falles abhängig ist, haben dieselben Fatwageber zu ein und demselben Koranvers an unterschiedlichen Orten und zu unterschiedlichen Zeiten auch unterschiedliche Gutachten abgegeben. Imam Schāfiʿī soll sogar gesagt haben: «Meine Fatwa stirbt mit mir!», weil er wusste, dass eine Fatwa auch zeitabhängig ist. So bleibt es jedem Muslim selbst überlassen zu entscheiden, ob er sich einer Fatwa anschließt.

In der heutigen Zeit nutzen die Fatwageber auch die modernen Medien. Es gibt zahlreiche Fernsehstationen, die feste Sendezeiten für Fatwas via Bildschirm eingerichtet haben. Dabei werden ganz unterschiedliche Themen behandelt, von Eheproblemen bis zu der Frage, ob eine bestimmte Nuss-Nougat-Creme erlaubt sei. Manchmal erinnert die Art und Weise, wie diese Fatwas entstehen, an die Ratgeber («Scheich XY antwortet») aus Jugendzeitschriften oder Hörfunksendungen.

6. Muhammad, der Gesandte Gottes

Ultimativ: Das Siegel der Propheten

Als Propheten werden in der islamischen Theologie Menschen bezeichnet, die von Gott einen Auftrag oder eine Eingebung erhalten haben, seine Botschaft zu verkünden. Gängig ist auch die Erklärung, die auf asch-Schāfiʿī zurückgeht: «Gesandter ist jemand, den Gott mit einer neuen Gesetzgebung entsandt hat, um sie den Leuten zu verkünden. Und Prophet ist jemand, den Gott entsandt hat, um eine frühere Botschaft zu bestätigen.»

Grundsätzlich wird also zwischen einem Propheten *(nabī)* und einem Gesandten *(rasūl)* unterschieden. Gesandte haben auch Bücher offenbart bekommen. In der islamischen Tradition werden die Gesandten und die ihnen offenbarten Bücher beinahe gleichgesetzt. Muhammad gilt also laut Koran als Gesandter, wird aber in der islamischen Tradition auch als Prophet bezeichnet. Wenn ein Gesandter jemand ist, der eine Botschaft von Gott bekommt und diese den Menschen mitteilt, müsste er auch gleichzeitig ein Prophet sein.

Wichtig ist das Wort «Gesandter» *(rasūl)* im islamischen Glaubenszeugnis: «Ich bezeuge, dass es keinen Gott außer Gott selbst gibt, und ich bezeuge, dass Muhammad sein Gesandter ist» *(aschhadu an lā ilāha illā llāh wa-(a)schhadu anna muhammadan rasūlu llāh).*

Die Kette der Propheten. Der Koran führt fünfundzwanzig Propheten namentlich auf, darunter werden neben Muhammad folgende als «Gesandte» hervorgehoben: Nuh (Noah), Salih, Lut (Lot), Schuʿayb (Jethro,) Musa (Mose), Ismail (Ismael), die ersten drei mit den gleichlautenden Versen: *Wollt ihr nicht stark im Glauben sein? Wirklich, ich bin euch ein vertrauenswürdiger Gesandter. (26:142–143, 161–162, 177–178)*

Es gibt auch islamische Gelehrte, die die Meinung vertreten, dass es sowohl männliche als auch weibliche Propheten gab. Sie argumentieren damit, dass der Koran häufig Eingebungen im Zusammenhang mit weiblichen Personen erwähnt, unter anderem bei Maria, der Mutter Jesu. Nach islamischer Auffassung sind längst nicht alle Propheten, Männer und Frauen, im Koran erwähnt. In der Tradition wird teilweise von dreihundertfünfzig oder über tausend gesprochen.

Unstrittig ist allerdings bei allen Muslimen, dass Muhammad als letzter Prophet gilt. Er ist es, der die Reihe der Propheten versiegelt – das «Siegel der Propheten»: *Muhammad ist nicht der Vater eines eurer Männer, sondern der Gesandte Gottes und der letzte aller Propheten, und Gott besitzt die ganze Kenntnis von allen Dingen. (33:40)* Muhammad ist aber nicht der von vielen Muslimen erwartete Mahdi, der von Gott gesandte Messias, der am Jüngsten Tag das Unrecht auf der Welt endgültig beseitigen wird. Die meisten Sunniten glauben, dass Jesus diese Rolle einnimmt, für die meisten Schiiten wird der zwölfte Imam das Ende der Welt verkünden (siehe S. 77).

Auch Engel werden im Koran als Gesandte bezeichnet, zum Beispiel die Todesengel: *Er ist es, der über seine Diener bestimmen kann. Er schickt euch Hüter, die nicht vergessen werden, wenn der Tod zu euch kommt. (6:61)*

Perfekt, aber ein Mensch. Grundsätzlich ist es wichtig zu unterscheiden, was ein Prophet oder Gesandter als gewöhnlicher Mensch gesagt hat und was als Offenbarung gilt. Propheten und Gesandte waren Menschen und konnten sich auch irren. Offenbarung gilt dagegen als göttlicher Text, ob nun wortwörtlich eingegeben oder inspiriert. Nach islamischer Auffassung irrt Gott sich aber

nicht. Es ist daher problematisch, wenn Dinge, die Muhammad gesagt hat, göttlichen Worten gleichgesetzt werden. Darin würde sich in letzter Konsequenz eine Vergöttlichung Muhammads widerspiegeln, die der Islam völlig ablehnt. Zudem muss berücksichtigt werden, dass Muhammad selbst als Prophet von den Vorstellungen seiner Zeit geprägt war und auch so gesprochen hat. Es ist also nicht möglich, die damaligen Aussagen unmittelbar auf heute zu beziehen.

«Lawlāka lawlāka mākhalaqtu l-aflāka» – «Wenn du nicht wärst, ja wenn du nicht wärst, hätte ich das Universum nicht erschaffen!» Bei diesem Ausspruch handelt es sich um eine «heilige Überlieferung» *(hadīth qudsī).* Sie ist eine Aussage Gottes, die nicht im Koran steht und die Gott somit nicht durch den Erzengel Gabriel zu Muhammad gebracht hat. Vielmehr entsteht eine «heilige Überlieferung» durch eine Ansprache im Traum oder eine Art geistiger Eingabe (Inspiration), die der Prophet Muhammad hatte. Somit kann man diese Art von Hadith als außerkoranisches Gotteswort begreifen, das für Muslime zwar einen hohen Stellenwert hat, aber den koranischen Aussagen nicht gleichkommt.

Die oben zitierte «heilige Überlieferung» ist ein sehr bekannter und weit verbreiteter Ausspruch des Propheten und gilt als göttlichen Ursprungs. Islamische Mystiker sind darum bemüht, eine besondere Nähe zu Gott aufzubauen, indem sie sich durch verschiedene Techniken – Gesang, Tanz, Rezitation, Meditation – in einen tranceähnlichen Zustand versetzen. Um diesen zu erreichen, wird beispielsweise der zitierte Ausspruch häufig in ihre Meditationen eingebunden. Durch das mehrmalige melodiöse Rezitieren wird schließlich eine Art Trance erreicht, die den Meditierenden das Gefühl von unmittelbarer göttlicher Nähe verschafft. Doch sosehr diese «heilige Überlieferung» den Propheten Muhammad auszeichnet – es muss klar sein, dass die Person Muhammads nicht so anbe-

tungswürdig wie Gott selbst ist. Gerade der Islam steht für die absolute Lobpreisung eines einzigen Gottes, neben dem niemand anderes anbetungswürdig ist. Allerdings halten sich viele Muslime im Alltag nicht an dieses oberste Gebot. So hat sich in den Köpfen der Muslime das Bild von der Person Muhammads als absolut perfektem und daher anbetungswürdigem Wesen verfestigt. Aus theologischer Sicht war Muhammad zwar in religiösen Belangen «fehlerfrei», allerdings nicht in anderen Dingen des täglichen Lebens, da er auch nach seiner Berufung zum Propheten Mensch geblieben ist.

Muhammads Lebensgeschichte

Zur Lebensgeschichte *(sīra)* des Muhammad ibn ʿAbdullāh, genannt Abū l-Qāsim («der Vater von Qāsim»), gibt es kaum unabhängige zeitgenössische Quellen und daher nur wenige gesicherte Informationen. Die islamische Theologie betrachtet in der Regel den Koran als grundlegende Quelle zu Muhammad als Religionsverkünder und historischer Figur. Ansonsten stützt man sich auf die von Ibn Ishāq (gestorben um 767) aufgezeichnete Lebensgeschichte. Seine Ausführungen hat wiederum der Historiker Ibn Hishām (gestorben 833) übernommen und ergänzt und damit ein grundlegendes Werk – neben der Hadithliteratur – zum Leben des Propheten Muhammads geschaffen.

Muhammads Leben bis zur Offenbarung. Muhammad wurde um das Jahr 570 in der Wüstenoase Mekka (heute in Saudi-Arabien) im Familienclan der Haschemiten geboren. Über das Leben Muhammads bis zu seinem Offenbarungserlebnis im Alter von vierzig Jahren wissen wir wenig. Es steht aber fest, dass das Kind schon früh von einer Beduinenfrau namens Halīma betreut wurde. Er hatte keine Geschwister. Schon vor der Geburt war sein Vater Abdullah gestorben, und mit sechs Jahren verlor er seine Mutter Amina. Sie soll während ihrer Schwangerschaft eine Art Offenbarung gehabt haben, in der ihr mitgeteilt wurde, dass sie mit dem besten Menschen der Welt schwanger sei. Der junge Muhammad lebte zunächst bei seinem Großvater Abdulmutallib, danach bei seinem Onkel Abu Talib. Der beauftragte seinen Neffen und seine eigenen Kinder bereits früh damit, die Schafherden in der Wüstenlandschaft rund um Mekka zu hüten.

Bereits mit zwölf Jahren soll Muhammad seinen Onkel auf eine Karawanenreise bis nach Syrien begleitet haben. Auf dieser Reise sollte sich zum zweiten Mal zeigen, dass Muhammad ein ganz besonderer und auserwählter Mensch war. Denn im syrischen Busra trafen sie auf einen christlichen Mönch namens Bahīra. Dieser soll ein Mal oder einen Fleck zwischen den Schultern des Jungen erblickt und darin ein Zeichen für Muhammads Zukunft als Prophet gesehen haben.

Der nächste wichtige Abschnitt in Muhammads Leben beginnt mit seiner Ehe mit der verwitweten Chadidscha, einer reichen Kauffrau. Er lernte sie im Alter von fünfundzwanzig Jahren kennen, als er für sie als Karawanenführer arbeitete. Sie soll fünfzehn Jahre älter als er gewesen sein. Sie verliebten sich ineinander, und so ließ sie ihm ausrichten, dass sie ihn heiraten würde, wenn er ihr einen Antrag macht. Sie bekam mindestens fünf Kinder von ihm, und Muhammad hatte keine andere Frau neben Chadidscha. Erst nach ihrem Tod heiratete er wieder, und das gleich mehrfach. Es ist überliefert, dass Muhammad eine Zeitlang mit mehreren Frauen gleichzeitig verheiratet war.

Während der zahlreichen Handelsreisen bis in den nördlichen Teil der Arabischen Halbinsel konnte Muhammad viel Wissen über Judentum und Christentum sammeln. Er wuchs in einer Umgebung auf, in der man an mehrere Gottheiten glaubte und diese an und in der Kaaba (siehe S. 26) verehrte. Ihm selbst gab dieser Glaube nicht genug, und er suchte zunehmend die Einsamkeit in einer Höhle auf dem «Lichtberg» *(dschabal an-nūr)*, wo er intensiv über sein Leben in Mekka und die Vielgötterei nachdachte. Er sah keinen Sinn mehr darin, Gottheiten aus Lehm und Stein anzubeten.

Auftrag. Ibn Ishāq schreibt in seiner «Sira» zu dieser Phase im Leben des Propheten Muhammad:

«Als Muhammad vierzig Jahre alt war, machte Gott ihn aus Mitleid mit der Welt zum Gesandten und Verkünder für die Menschen. Gott hatte mit jedem Propheten, den er vor ihm sandte, einen Bund geschlossen, an ihn zu glauben, Zeugnis für ihn abzulegen und ihm gegen seine Widersacher zu helfen. Er hatte sie verpflichtet, dies allen weiterzugeben, die an sie glaubten. Und sie taten, wie ihnen geheißen. (...) Jedes Jahr zog sich der Prophet im Monat Ramadan in die Einsamkeit zurück, um zu beten und die Armen zu speisen, die zu ihm kamen. Immer wenn er am Ende des Monats nach Mekka zurückkehrte, begab er sich zuerst zur Kaaba und umschritt sie sieben oder mehrere Male. Erst dann ging er nach Hause. Auch in jenem Ramadan, in dem Gott ihn ehren wollte, in jenem Jahr, in dem er ihn sandte, zog Muhammad wieder mit seiner Familie zu dem Berg Hira, um sich in der Einsamkeit dem Gebet zu widmen. Und in jener Nacht, in der Gott ihn durch die Sendung auszeichnete und sich damit der Menschen erbarmte, kam Gabriel zu ihm. Als ich schlief, so erzählte der Prophet später, trat der Engel Gabriel zu mir mit einem Tuch wie aus Brokat, worauf etwas geschrieben stand, und sprach:

‹Lies!›

‹Ich kann nicht lesen›, erwiderte ich.

Da presste er das Tuch auf mich, sodass ich dachte, es wäre mein Tod. Dann ließ er mich wieder los und sagte:

‹Lies!›

‹Ich kann nicht lesen›, antwortete ich.

Und wieder würgte er mich mit dem Tuch, dass ich dachte, ich müsste sterben. Und als er mich freigab, befahl er erneut:

‹Lies!›

Und zum dritten Male antwortete ich: ‹Ich kann nicht lesen.›

Als er mich dann nochmals fast zu Tode würgte und mir wieder zu lesen befahl, fragte ich aus Angst, er könnte es nochmals tun: ‹Was soll ich lesen?›

Da sprach er:

‹Lies im Namen deines Herrn, des Schöpfers, der den Menschen erschuf aus geronnenem Blut! Lies! Und der Edelmütigste ist dein Herr, er, der das Schreibrohr zu brauchen lehrte, der die Menschen lehrte, was sie nicht wussten.›»

(Ibn Ishāq: «Das Leben des Propheten», S. 45 f.)

Das war die erste Botschaft, die Gabriel dem Karawanenführer Muhammad überbrachte.

Muhammad erhielt von nun an rund zweiundzwanzig Jahre lang göttliche Botschaften. Sein Auftrag war es, seinen Mitmenschen von diesen Offenbarungen und der Existenz eines einzigen Gottes zu erzählen. Doch er machte sich mit seinem Auftrag keine Freunde. Seine mächtige Familie, die auch mit dem Pilgergeschäft rund um die Kaaba viel Geld einnahm, sah in ihm eine Gefahr. Dass er die rund 360 Gottheiten durch nur einen Gott ersetzen wollte, erschien der Familie als ihr finanzieller Ruin. Sie forderten ihn also auf, mit der Verbreitung seiner Botschaften aufzuhören. Aber der Prophet weigerte sich. Die heftigen, zum Teil gewalttätigen Auseinandersetzungen mit der eigenen Familie gingen schließlich so weit, dass einige seiner Verwandten versuchten, nicht nur seine Anhänger, sondern Muhammad selbst zu töten. Aus diesem Grunde entschied er, seine geliebte Heimatstadt Mekka zu verlassen und nach Yathrib, so hieß in vorislamischer Zeit das heutige Medina, zu ziehen.

Kurz vor seiner Auswanderung soll Muhammad seine berühmte Himmelsreise *(miʿrādsch)* unternommen haben. Die Überlieferung, die den meisten Muslimen vertraut ist, berichtet, dass er eines Nachts mit dem geflügelten Reittier Buraq («Blitz») von Mekka nach Jerusalem geflogen ist, in Begleitung des Erzengels Gabriel. Nach dieser Nachtreise *(isrāʾ)* stieg er vom Tempelberg aus in den Himmel auf, wo ihn der Engel Gabriel durch die einzelnen Himmelssphären führte. Dort begegnete er den Propheten, die vor ihm gelebt hatten. Im siebten Himmel schließlich traf er Ibrahim. Hier, am Ende des Himmels, wo ein großer Grenzbaum stehen soll, trat er schließlich auch vor Gott, der ihm unter anderem offenbarte, wie viele Gebete die Gläubigen täglich zu verrichten haben. Die ursprüngliche Forderung Gottes nach fünfzig Gebeten am Tag konnte Muhammad nach verschiedenen Einsprüchen zum Wohle der Gläubigen, die es nicht zu schwer haben sollen, auf fünf Gebete täglich ermäßigen. Der Engel Gabriel zeigte ihm auch das Paradies und die Frommen, die es schon vor dem Jüngsten Gericht genießen dürfen, und erlaubte ihm einen Blick in die Hölle, in der die Sünder vom Teufel gequält werden.

Anschließend kehrte Muhammad zusammen mit dem Erzengel Gabriel nach Mekka zurück. Muslime in aller Welt gedenken jährlich dieser «Heiligen Nacht» der Himmelsreise.

Muhammads Auswanderung nach Medina im Jahre 622 wird «Hidschra» genannt. Aufgrund dieses einschneidenden Erlebnisses beginnt mit diesem Jahr auch die islamische Zeitrechnung («nach der Hidschra») mit dem Jahr 1. Muhammad lebte bis zu seinem Tode im Jahre 632 n. Chr. bzw. 10 n. d. H. in Medina.

In Mekka hatte Muhammad viele Offenbarungen zum Wesen Gottes, zu Paradies und Hölle sowie zur Schöpfung erhalten. Dies änderte sich in Medina. Hier erhielt er von Gott immer genauere Anweisungen, wie er in bestimmten Situationen bei bestimmten Problemen verfahren sollte. Als etwa die unlösbaren Konflikte zwischen den Muslimen in Medina und den Mekkanern zu zwei Schlachten führten, erhielt er zum Thema der Auseinandersetzungen mit Andersgläubigen ebenso Offenbarungen wie zum Beispiel zu der Frage, wer als Angehöriger im Todesfall wie viel erbt. In Medina kümmerte sich Muhammad zunehmend um zwischenmenschliche Belange, und so änderten sich auch Inhalt und Länge der Offenbarungen.

Lebensende. Kurz vor seinem Tode unternahm der Prophet seine letzte Pilgerreise nach Mekka. Dort hielt er im Jahre 632 seine berühmte Abschiedspredigt, in der er vor allem den alten, ungerechten Traditionen aus Mekka eine Absage erteilte. Er plädierte in seiner Predigt vor der Kaaba vor allem für Gerechtigkeit unter den Menschen: «Ihr Leute, wahrlich euer Blut, euer Eigentum und eure Ehre sind unantastbar, bis ihr eurem Herrn gegenübersteht, ebenso wie der jetzige Tag und der jetzige Monat und diese eure Stadt heilig sind.»

Es war Muhammad neben dem Schutz des Lebens, des Eigentums und der Würde auch ein Anliegen, die Rechte der Frauen zu stärken, denn er erklärte in dieser letzten Predigt, dass sowohl der Mann als auch die Frau in der Ehe bestimmte Rechte und Pflichten gegenüber dem Partner hat (siehe S. 88).

Kurz darauf starb Muhammad mit etwa zweiundsechzig Jahren in Medina. Mit dem Tod trennt sich nach islamischer Vorstellung die Seele vom Körper; erst mit dem Eingang ins Paradies vereinigen sich Körper und Seele wieder.

Vorher, gleich nach seiner Beerdigung, wird der Tote von den beiden Grabesengeln Munkar und Nakir nach seinem Glauben und nach seinen guten und schlechten Taten befragt.

Die Kette der Überlieferung

In den rund zweiundzwanzig Jahren, in denen Muhammad Gottes Botschaften an die Menschen weitergab, hat er sich vielfach zu seinen Offenbarungen und zu den unterschiedlichsten Ereignissen geäußert. Er sprach Empfehlungen, Verbote und Gebote aus oder erläuterte die göttlichen Botschaften. Diese «Aussprüche» oder «Überlieferungen» Muhammads nennt man Hadithe.

Die Gesamtheit der Überlieferungen wird als «Sunna» bezeichnet, auch dies ist ein arabisches Wort, das mit «Gewohnheit» oder «Tradition» übersetzt werden kann. Mit «Sunna» bezeichnet man aber nicht nur Aussagen des Gesandten, sondern auch seine Anweisungen, nachahmenswerte Handlungen, Billigungen von Handlungen Dritter, Empfehlungen und vor allen Dingen Verbote und religiös-moralische Warnungen, die im Koran nicht enthalten sind.

Die Hadithe wurden von unterschiedlichsten Menschen gehört, gesammelt und aufgeschrieben. Alle Sammler waren davon überzeugt, dass alle ihre aufge-

zeichneten Hadithe direkt von Muhammad stammten. Aber zunehmend entstanden auch Hadithsammlungen, bei denen man sich nicht mehr sicher war, ob Muhammad diese Aussagen wirklich so formuliert oder überhaupt gemacht hatte. Aus diesem Grund begannen Gelehrte damit, jeden einzelnen Hadith auf seine Zuverlässigkeit zu überprüfen. Daraus entwickelte sich die Hadithwissenschaft *(ʿilm al-hadīth)*.

Der Aufbau eines Hadith. Ein Hadith hat immer zwei Teile: die Überliefererkette *(isnād)* und den Überlieferungstext *(matn)*. Der erste Teil besteht aus der Nennung vieler einzelner Personen, wobei die Person, die Muhammads Aussage tatsächlich persönlich hörte, am Ende der Kette steht. So folgt die Überliefererkette immer dem gleichen Aufbau: «Person A überliefert über Person B, die wiederum über Person C überlieferte, die wiederum über Person D überlieferte usw., dass er den Propheten – Gott segne ihn und spende ihm Heil – hörte, als er sagte: ...» Und dann folgt der zweite Teil, also das, was der Prophet tatsächlich gesagt hat. Ein Beispiel:

Isnad, die Überliefererkette:

(Überliefert) nach Abū ʿAbdurrahmān ʿAbdullāh ibn ʿUmar ibn al-Chattāb – Gott möge Wohlgefallen an ihnen beiden finden – der sagte: Ich hörte den Propheten – Gott segne ihn und spende ihm Heil – sagen:

Matn, der Überlieferungstext:

«Der Islam basiert auf Fünf Elementen: Der Schahada, dass es keinen Gott gibt außer Gott und dass Muhammad sein Gesandter ist; dem Verrichten des rituellen Gebets; dem Spenden; dem Fasten im Monat Ramadan und der Pilgerfahrt zum Hause Gottes für denjenigen, der diesen Weg gehen kann.»

Die Personen, die berichten, nennt man «Gewährsleute», wobei man zwischen denen unterscheidet, die den Propheten selbst gehört oder gesehen und etwas davon überliefert haben (*sahābī*, Pl. *ashāb*), und denen, die einen *sahābī* trafen und etwas von ihm überliefert haben (*tābiʿī*, Pl. *tābiʿūn*).

Echt? Die Hadithwissenschaft geht in erster Linie der Frage nach, ob Muhammad dieses oder jenes wirklich gesagt haben kann. Um dies herauszufinden, überprüfen die Gelehrten unter anderem, ob die Überliefererkette lückenlos und die eigentliche Aussage echt sind. Dabei versucht man, vor allem folgende Fragen zu lösen:

Zur Überliefererkette: Können sich wirklich alle Gewährsleute gekannt haben? Lebten sie überhaupt zur gleichen Zeit? Können sie den Propheten getroffen und gehört haben? Wie zuverlässig sind diese Personen? Verlässliche Informationen geben noch heute die «Bücher über die Gewährsleute» *(kutub ar-ridschāl)*, die ausführliche Biographien über die einzelnen Personen enthalten.

Zu den Hadithtexten: Stimmt der Wortlaut von verschiedenen Hadithen überein? Wenn nicht, warum nicht? Wer hat diese Hadithe so zitiert? Stimmen die Inhalte der Hadithe mit den Aussagen im Koran überein, oder gibt es einen Widerspruch? Die Zuverlässigkeit eines Hadith bewerten Hadithwissenschaftler im Allgemeinen nach drei Kategorien:

1. Ein Hadith ist *sahīh:* «gesund» oder «echt». Bei einem solchen Hadith ist die Überliefererkette lückenlos, und alle Gewährsmänner gelten als vertrauenswürdig und hatten ein gutes Gedächtnis. Außerdem steht die Aussage des Hadith nicht im Gegensatz zu anderen Hadithen, die ebenfalls *sahīh* sind.
2. Ein Hadith ist *hassan:* «gut». Hier ist die Überliefererkette lückenlos, oder sämtliche Gewährsmänner gelten als vertrauenswürdig. Außerdem steht die Aussage des Hadith nicht im Gegensatz zu anderen Hadithen, die ebenfalls *hassan* sind.
3. Ein Hadith ist *daʿīf:* «schwach». Es gilt jeder Hadith als «schwach», der weder «echt» noch «gut» ist.

Doch warum sind Hadithe für Muslime so wichtig? Die Hadithe erklären Koranverse, die sonst für viele Menschen unverständlich sind. Sie erklären vor allem, wie Muhammad vor 1400 Jahren zu bestimmten Dingen stand und wie er sie bewertete. Die Sunna des Propheten ist für Muslime nach dem Koran die zweitwichtigste Quelle für ihr tägliches Leben.

Ende des 19. Jahrhunderts entwickelte sich die «Hadithkritik», die vor allem aus Europa stammte. Darin werden die Methoden kritisiert, die die alten muslimischen Wissenschaftler anwendeten, um einen «echten» Hadith zu klassifizieren. Diese zum Teil berechtigte Kritik führt sogar so weit, dass Wissenschaftler in der Türkei alle echten Hadithe nochmals überprüfen, um so Fehler in der alten Vorgehensweise zu korrigieren.

Nach dem Tod des Propheten entbrannte eine heftige Diskussion um dessen Nachfolge. Eine Gruppe war der Ansicht, dass die rechtmäßige Nachfolge bei den «rechtgeleiteten Kalifen» lag: Das waren als Erster ʿAbdallāh Abu Bakr (632–634), der Vater von Muhammads Lieblingsfrau Aischa, dann ʿUmar ibn al-Chattāb (634–644), ʿUthmān ibn ʿAffān (644–656) und ʿAlī ibn Abī Tālib (656–661).

Gleichzeitig kristallisierte sich eine andere Gruppe heraus, die der Meinung war, dass Ali, Muhammads Cousin und Schwiegersohn, der erste Nachfolger des Propheten hätte sein sollen. Der Cousin des Propheten wurde von den Anhängern des späteren fünften Kalifen ermordet, weil dieser an die Macht kommen wollte. Die «Partei Alis» *(Schīʿatu ʿAlī)* bildet die Gruppe der Schiiten. Sie glauben daran, dass nur ein Blutsverwandter von Muhammad sein Nachfolger bzw. Kalif hätte werden dürfen, und so sehen sie Ali als einzig legitimen Nachfolger an. Nach Alis Tod spalteten sich die Schiiten vom Rest der Muslime ab und ernannten Hassan (Alis ersten Sohn) zum zweiten Imam. Dritter Imam wurde Hussein, der zweite Enkel des Propheten Muhammad. Er starb in der Schlacht von Kerbela als Märtyrer. Daher ist Kerbela (im heutigen Irak) nach Mekka ein weiterer zentraler Pilgerort für Schiiten.

Auch innerhalb der Schia bildeten sich im Laufe der Zeit eigene Rechtsschulen (siehe S. 60) heraus. Eine der bedeutendsten unter ihnen ist die der Dschafariten.

Weitere wichtige schiitische Untergruppen unterscheiden sich dadurch, wie viele und welche Imame sie anerkennen. Die Zaiditen erkennen fünf Imame aus der Nachfolge Alis an. Die Siebenerschia der Ismailiten erkennt sieben Imame an und empfindet die Blutsverwandtschaft zum Propheten als nicht ausschlaggebend. Die Imamiten, die Zwölferschia, erkennen zwölf Imame an. Der zwölfte ist für sie jedoch der «Verborgene Imam», der Mahdi, auf dessen Wiederkehr als Retter der Welt sie warten. Bei allen drei Richtungen sind die ersten drei Imame gleich, nämlich Ali und seine Söhne Hassan und Hussein. Bei den Zwölferschiiten gilt der jeweilige Imam als Nachfolger Alis. Dieser Imam stellt eine hohe Instanz dar und hat zum Beispiel im Iran sogar die politische Macht inne.

geb. ca. 570 **Muhammad** gest. ca. 632

Tod Muhammads → Kein Nachfolger → Streit unter Muslimen um die weltl. + relig. Führung des wachsenden muslimischen Reiches

Wahl seines Nachfolgers zum „Chalifat rasūlullāh" „Nachfolger des Gesandten Gottes"

„Rechtgeleitete Kalife"

1. Kalif: Abū Bakr — Aischa — Schwiegervater Muhammads

2. Kalif: ʿUmar — Hafsa — einer der ersten Muslime

3. Kalif: ʿUthmān — Umm Kulthum + Ruqayya — Schwiegersohn Muhammads

4. Kalif: ʿAlī — Fatima — Cousin Muhammads

Spaltung

Anhänger ʿAlīs: Allein ʿAlī hat Anspruch auf Führung d. Muslime (akzeptieren 1–3 Kalif nicht)

Gegner ʿAlīs: Andere religiöse + politische Anliegen und Vorwurf an ʿAlī, die Mörder ʿUthmāns nicht zu verfolgen

ʿAlī + Anhänger
Schlacht bei Siffin
Kampf zwischen Muslimen
Muʿāwiyya + Anhänger
Charidschiten "Rebellen"
Schiiten
von Schia „Partei ʿAlīs"
Sunniten
Leute der Sunna
(Tradition)
Gründung des Imamat
Ermordung ʿAlīs
5. Kalif Muʿāwiyya
Fortführung des Kalifats
viel-gespalten
1. Imam ʿAlī
2. Imam Hasan b. ʿAlī
3. Imam Husain b. ʿAlī
4. Imam ʿAlī-Zain al-ʿA.
5. Imam Muhammad al-B.
7. Imam Mūsā al-Kathim
12. Imam Muhammad al-Mahdi
5er Schiiten
7er Schiiten
12er Schiiten
8./9. Jhd. Entstehung der Rechtsschulen
keine Spaltung
12./13. Jhd. Entstehung der Sufiorden

Sunniten und Schiiten unterscheiden sich auch grundsätzlich darin, welche der vielen im Laufe der Zeit entstandenen Hadithsammlungen für sie maßgebend sind. Für sunnitische Muslime haben sich sechs kanonische Hadithsammlungen etabliert *(kutub as-sitta)*, und zwar die von: al-Buchārī, Muslim, Ibn Mādscha, Abū Dāuūd, at-Tirmidhī und an-Nasāʾī.

Schiitische Muslime verwenden, um die wichtigsten oder authentischsten Aussagen des Propheten zu finden, vor allem vier kanonische Hadithsammlungen *(kutub al-arbaʿa)*, und zwar die von al-Kulaynī, Ibn Bābawayh al-Qummī as-Sadūq sowie zwei Sammlungen von Abū Dschaʿfar at-Tūsī.

7. Frauen und Männer

Sexualität und Zärtlichkeit

Der Islam hat grundsätzlich eine positive Einstellung zur Sexualität des Menschen: *Es ist euch erlaubt, während des Fastens euren Frauen in der Nacht nahe zu kommen; sie sind Geborgenheit für euch, und ihr seid Geborgenheit für sie. (2:187)*

Sexualität wird als etwas betrachtet, das zum Leben der Menschen gehört, deshalb gilt in den meisten Strömungen des Islams Enthaltsamkeit nicht als erstrebenswert; es gibt im Islam zum Beispiel kein Mönchtum. Regulär wird die Ehe als der Raum betrachtet, in dem der Geschlechtstrieb ausgelebt werden sollte. Deshalb sollen Eheschließungen nicht erschwert werden, aber auch Trennungen nicht, etwa wenn die beiden Partner sich auf der sexuellen Ebene nicht verstehen, denn beide haben ein Anrecht auf eine befriedigende Sexualität. Grundsätzlich dient der Geschlechtsverkehr keineswegs ausschließlich der Zeugung von Kindern, sondern er soll und darf Freude bereiten.

Sex ist eine höchst private und intime Angelegenheit. Kinder werden schon früh dazu erzogen, am Schlafzimmer der Eltern anzuklopfen, bevor sie eintreten: *Und wenn die Kinder die Pubertät erreicht haben, dann sollen sie um Erlaubnis fragen, wenn sie eintreten wollen, ebenso wie denen, die schon vor ihnen in die Pubertät gekommen sind, aufgetragen wurde zu fragen. So macht euch Gott seine Botschaften klar; denn Gott hat das Wissen und die Macht. (24:59)*

In manchen islamischen Traditionen wird versucht, diesen intimen Bereich stark einzugrenzen. So lautet ein weit verbreiteter Hadith: «Niemand von euch soll mit einer Frau allein sein, denn der Teufel ist der dritte unter ihnen.» (Sahīh Ibn Hibbān)

Der Koran geht davon aus, dass der Mensch sich so kleiden sollte, dass es nicht sexuell anregend wirkt (siehe S. 100). Im Verständnis vieler Frauen und

 Männer ist daher auch Kleidung ein Schutz vor sexuellen Übergriffen, etwa ein weites Kleid oder ein langer Mantel. Aber die Meinungen, was sexuell anregend wirkt und was einfach nur gut oder cool aussieht, gehen natürlich auseinander. So haben sich gerade bei muslimischen Jugendlichen die unterschiedlichsten Moden durchgesetzt.

Viele muslimische junge Menschen, die in Europa geboren und aufgewachsen sind, stehen zwischen den Welten. Sie sehen sich in der hiesigen Gesellschaft mit einer Offenheit und Freizügigkeit konfrontiert, die im Widerspruch zu den Traditionen ihrer Familien stehen. Oft wird daher von den Familien angeregt, früh zu heiraten. Einige Jugendorganisationen haben auch gerade deshalb großen Zulauf, weil sie in Insiderkreisen als eine Art Heiratsmarkt gelten. Dort können junge Frauen und Männer unverkrampfter miteinander umgehen als zum Beispiel bei muslimischen Großevents, an denen womöglich die gesamte Familie teilnimmt.

Manchmal versuchen Familien und Gemeinden auch heute noch, eine Geschlechtertrennung durchzusetzen. So ist es für einige Familien selbstverständlich, dass während eines Besuchs bei Verwandten oder Freunden, Männer und Frauen getrennt voneinander sitzen. Auch der Koranunterricht wird traditionell nach Geschlechtern getrennt durchgeführt. Typisch ist auch die räumliche Aufteilung der Moschee: Obwohl es nicht der Einteilung zur Prophetenzeit entspricht und auch im Koran nichts darüber steht, werden in Moscheen Frauen oft in andere Räume oder auf eine Empore «verbannt». Somit kommen männliche und weibliche Jugendliche auch hier selten zusammen.

Es ist wichtig, dass junge Menschen sich ihre eigenen Wertvorstellungen bewusstmachen und einen Weg suchen, der ihnen entspricht. Die meisten wünschen sich eine Partnerin oder einen Partner, der oder die ihre Werte teilt.

Und das Thema Keuschheit und Jungfräulichkeit? Die Keuschheitsvorstellungen im Koran beziehen sich ganz klar auf beide Geschlechter: *Sag den gläubigen Männern, dass sie ihre Augen niederschlagen und ihren Anstand bewahren sollen. Das ist besser für sie. Gott weiß sowieso genau, was sie tun. Und sag den gläubigen Frauen, sie sollen ihre Augen niederschlagen und ihren Anstand bewahren (24:30–31)*

In der Realität konzentrieren sich jedoch noch heute die Keuschheitsvorstellungen meist auf die Jungfräulichkeit der Mädchen bis zur Ehe. In manchen Gruppierungen geht der Jungfräulichkeitskult so weit, dass verwitwete oder geschiedene Frauen sexuell als minderwertig betrachtet werden. Dies widerspricht jedoch der Tradition des Propheten Muhammad. Er heiratete bekanntlich mehrere Frauen, und nur Aischa war vor der Eheschließung mit ihm noch nicht verheiratet gewesen.

Der Islam erlaubt generell die Verhütung während des Geschlechtsverkehrs und damit eine Geburtenkontrolle, sofern sie die Gesundheit nicht beeinträchtigt. Auch eine Abtreibung ist unter bestimmten Umständen erlaubt. So ist sich die Mehrheit aller Gelehrten darüber einig, dass ein Fötus mindestens bis zum vierzigsten Entwicklungstag abgetrieben werden darf, da in ihm noch keine Seele vorhanden sei.

Bei allen Diskussionen sollte man nicht das Wesentliche an einer sexuellen Beziehung vergessen, nämlich die Verantwortung füreinander. Sie ist die Grundlage dieser Intimität. Es gibt wohl kein innigeres Miteinander zweier Menschen, und gerade deshalb ist auch die emotionale Bindung besonders wichtig. Liebe und Zärtlichkeit gehören genauso zu einer Partnerschaft wie Lust und Sinnlichkeit.

Homosexualität

Homosexualität wird von verschiedenen Gruppierungen im Islam sehr unterschiedlich bewertet, besonders was die religiös-rechtliche Seite betrifft.

So gehen die meisten konservativen Interpretationen davon aus, dass der Koran in gleichgeschlechtlichen sexuellen Handlungen ein Vergehen sieht. Sie beziehen sich meist auf Sure 4:16, in der es heißt: *Und wenn zwei von euch schuldig sind, dann bestraft beide. Wenn sie aber bereuen und sich bessern, dann lasst sie in Ruhe; denn Gott ist vergebend und barmherzig.*

Es ist allerdings aus dem Vers nicht klar ersichtlich, ob er sich auf einen Ehebruch oder andere geschlechtliche Beziehungen bezieht. Auch nicht, ob es einen bestimmten historischen Zusammenhang gibt und ob dieser mit der heutigen Situation vergleichbar ist.

Als Beweis für die Verwerflichkeit homosexueller Neigungen werden außerdem die Textstellen im Koran hinzugezogen, die sich mit dem Volk Lots beschäftigen, zum Beispiel:

Erinnert euch an Lot, als er zu seinen Leuten sagte: «Wollt ihr etwas Abscheuliches tun, was noch keiner in der Welt vor euch getan hat? Ihr gebt euch in eurer Lust wirklich mit Männern ab statt mit Frauen. Nein, ihr seid kein Volk, das Maß hält.» (7:80–81)

Und ganz ähnlich: *Wollt ihr euch von allen Geschöpfen denn gerade mit Männern abgeben und eure Frauen vernachlässigen, die euer Herr euch zur Seite gestellt hat? Nein, ihr seid ein Volk, das die Grenzen überschreitet. (26:165–166)*

Auffallend ist hier, dass tatsächlich nur Sexualkontakte unter Männern zur Sprache kommen. Lesbische Beziehungen werden im Koran gar nicht erwähnt. Einige Interpretationen gehen davon aus, dass hier Sexualpraktiken angeprangert werden, die Gewaltbereitschaft beinhalten, also zum Beispiel Vergewaltigungsabsichten, und solche, die das geltende Gastrecht brechen. Aber das ist Spekulation, genau lässt sich die Bedeutung dieser Koranstellen nicht erschließen.

Die traditionsorientierten Vertreter der Muslime sind generell der Meinung, dass praktizierte Homosexualität bestraft werden soll. Hier unterscheiden sich allerdings die einzelnen Rechtsschulen. Während die größte sunnitische Rechtsschule, die Hanafiten, von Fall zu Fall entscheiden, sehen Hanbaliten und Wahhabiten für homosexuelle Praktiken die Todesstrafe vor, so zum Beispiel im nördlichen Sudan oder in Saudi-Arabien. Andere Länder verhängen Haftstrafen, und nur ganz wenige Staaten bestrafen Homosexualität gar nicht, zum Beispiel Albanien, Indonesien, Jordanien oder die Türkei.

Manche Muslime vertreten auch die Auffassung, dass homosexuelle Neigungen zu tolerieren sind, solange sie nicht ausgelebt werden. Einige berufen sich dabei auf Ibn Hazm, der schreibt: «Liebe wird von der Religion weder missbilligt noch vom Gesetz verboten; denn jedes Herz ist in Gottes Hand.» Noch mehr Toleranz lässt sich aus folgendem Hadith (nach Abū Dāuūd und at-Tirmidhī) herleiten: «Wenn jemand (= ein Mann) seinen Bruder liebt, so soll er ihm mitteilen, dass er ihn liebt.» Dazu gibt es auch die Variante (nach al-Kulaynī): «Wenn du einen Mann liebst, so teile ihm dies mit, denn dies stärkt die Liebe zwischen euch.»

Manche wiederum sehen in homosexuellen Neigungen eine Herausforderung für den betroffenen Muslim, einen inneren, den «großen» Dschihad (siehe S. 132) mit sich selbst zu führen.

<<Wollt ihr etwas Abscheuliches tun, was noch keiner in der Welt vor euch getan hat? Ihr gebt euch in eurer Lust wirklich mit Männern ab statt mit Frauen.>> (7:80-81)

<<Es sprach der Gesandte Gottes, Muhammad, Gott segne ihn und spende ihm Heil: <Wenn jemand seinen Bruder liebt, so soll er ihm mitteilen, dass er ihn liebt.>>> (Abū Dāuūd und at-Tirmidhī)

Wir sehen: Dieser gesamte Themenkomplex muss intensiver diskutiert werden. Er betrifft eine ganze Reihe homosexueller Muslime, auch in Deutschland. Es ist wichtig, dass sich diese Menschen nicht allein gelassen oder ausgestoßen fühlen, und es ist notwendig, sich gegen jede Art von Diskriminierung Homosexueller einzusetzen.

Mittlerweile nehmen einige muslimische Organisationen eine gemäßigte bis tolerierende Haltung gegenüber Homosexuellen ein, in Deutschland etwa der Liberal-Islamische Bund oder der Zentralrat der Muslime. Weltweit existieren bereits viele Organisationen, die muslimische Lesben und Schwule unterstützen und vertreten. Sehr bekannt ist die Al-Fatiha-Foundation, die in den USA gegründet wurde und bereits Partnerorganisationen zum Beispiel in Kanada, Südafrika oder Großbritannien hat.

Die Ehe – nüchtern betrachtet

Eheschließung. Die Ehe stellt im Islam zwar keinen heiligen Akt dar, gilt aber als von Gott ausdrücklich gewünscht. Unabhängig von allen Emotionen der Partner ist die Eheschließung im Islam ein Vertrag. Und wie alle Verträge wird er zu bestimmten Bedingungen geschlossen und kann auch wieder aufgelöst werden.

In einen solchen Vertrag können die zukünftigen Eheleute alles hineinschreiben, was ihnen am Herzen liegt. Dann erst sollte er von Braut und Bräutigam, den Zeuginnen und Zeugen und der Person, die die Ehe schließt, unterschrieben werden.

In einem Ehevertrag sollte unter anderem die Höhe der Morgengabe *(mahr)* festgelegt werden, die der Bräutigam bei der Eheschließung vorlegen muss, zum Beispiel in Form eines Sparbuches, von Schmuck oder sonstigen beglaubigten Schriftstücken. Nach Verlesen des Vertrages werden die Brautleute gefragt, ob sie dem Vertrag zustimmen und somit die Ehe miteinander eingehen wollen. Die Zeugen bekunden, dass sie diese Antworten von beiden gehört haben, und bestätigen dies ebenfalls mit ihrer Unterschrift.

Eine Heirat muss von beiden Seiten freiwillig erfolgen. Dafür gibt es bereits in der Überlieferung des Buchārī ein Beispiel: Chansāʾ bint Chidām al-Ansariyya berichtete, dass sie von ihrem Vater verheiratet wurde und dass sie damit nicht einverstanden war. Sie begab sich deshalb zum Gesandten Gottes, und er machte ihre Heirat rückgängig.

Übrigens wird ein Leben als Single zwar nicht empfohlen, es ist aber auch nicht verboten. So hat zum Beispiel eine der berühmtesten Mystikerinnen des Islams, Rābiʿa von Basra, nie geheiratet.

Ehereife und Eheverbote. Das Alter der Brautleute und damit ihre Ehefähigkeit ist im Koran nicht genau benannt, aber umschrieben: *Prüft die Waisen, ob sie reif für die Ehe geworden sind. Wenn ihr Vernunft bei ihnen feststellt, dann händigt ihnen ihr Vermögen aus. (4:6)* Das bedeutet, dass der Mensch geschäftsfähig sein muss, um heiraten zu dürfen. Die Heiratswilligen sollen in der Lage sein, die Tragweite ihrer Entscheidung zu verstehen. Kinderehen, wie es sie in unterschiedlichen Ländern der Erde gibt, sind weder erstrebenswert noch mit koranischen Grundsätzen vereinbar.

Im Koran werden auch einige Personengruppen genannt, unter denen eine Eheschließung nicht erlaubt ist. Dazu gehören natürlich Verwandte ersten Grades, also Schwester und Bruder, Tochter und Vater, Sohn und Mutter, aber der Kreis der verbotenen Partner wird in Vers 4:23 noch weiter gezogen und schließt zum Beispiel auch Tanten, Nichten, Schwiegertöchter und Stiefkinder ein. Auch Milchgeschwister, also Menschen, die von derselben Frau gestillt wurden, dürfen nach islamischer Vorstellung nicht heiraten.

Eheleben. *Zu seinen Zeichen gehört, dass er aus euch selbst Partnerinnen und Partner erschaffen hat, damit ihr bei ihnen zur Ruhe kommen könnt. Er hat zwischen beiden Liebe und Barmherzigkeit gesetzt. Dies sind wirklich Zeichen für Menschen, die nachdenken. (30:21)*

Dieser Koranvers umschreibt nicht nur das angestrebte Ziel einer jeden Partnerschaft, sondern auch den Weg dorthin – es geht um Liebe und Barmherzigkeit. Diese Vorstellung wird noch durch eine schon zitierte Formulierung aus Sure 2:187 näher erläutert: *… sie sind Geborgenheit für euch, und ihr seid Geborgenheit für sie.*

Bei einer Partnerschaft geht es also um Ruhe, Sicherheit und Vertrauen, eingebettet in das Prinzip gegenseitiger Verantwortung. Innerhalb der Lebensgemeinschaft sollten beide einander Halt geben und sich stützen. Ein solches Verhalten beruht auf gegenseitigem Respekt und dem Bewusstsein der Gleichwertigkeit und Gleichberechtigung. Wenn einer der beiden sich über den anderen stellt, entsteht ein Ungleichgewicht, das meist Konflikte und Aggression nach sich zieht. Der Prophet hat in seiner berühmten Abschiedspredigt in Mekka diese gegenseitigen Rechte angesprochen: «Ihr Leute, ihr habt ein gewisses Recht über eure Frauen, und sie haben ein gewisses Recht über euch.»

Wenn ein Paar nicht mehr ausreichend Vertrauen und Ruhephasen erleben kann, sondern Streit und Ärger den Alltag bestimmen, ist es Zeit, sich entweder Hilfe zu suchen oder eine Trennung in Erwägung zu ziehen.

Mehrehe. Die Mehrehe (Polygamie) war zur Zeit der Offenbarung eine gängige Form des Zusammenlebens. Viele Männer hatten zahlreiche Ehefrauen. Der Koran riet zunächst dazu, die Zahl auf vier zu begrenzen. Dabei war es durchaus im Sinne des Islams, vor allem Witwen und alleinstehende Frauen, also solche ohne familiären Rückhalt, zu heiraten, um ihre Versorgung zu gewährleisten. *Wenn ihr befürchtet, den Waisen nicht gerecht werden zu können, heiratet, so oft es euch erlaubt wurde, sogar zwei-, drei- oder viermal. Wenn ihr aber befürchtet, euren Frauen gegenüber nicht gleichermaßen fair zu sein, dann heiratet lieber nur eine. … So könnt ihr am ehesten Ungerechtigkeiten vermeiden. (4:3)*

Aber es gibt zahlreiche muslimische Gelehrte, die in demselben Vers ein klares Plädoyer für die Einehe (Monogamie) erkennen, weil ein Mann nur den Bedürfnissen einer einzigen Frau wirklich gerecht werden könne. Demnach sehen sie hierin die stufenweise Einführung einer monogamen Partnerschaft.

Manche muslimische Männer mit mehreren Ehefrauen wiederum bemühen sich, die Auflagen des Korans zu erfüllen, indem sie jeder Ehefrau einen eigenen Haushalt, gleiches Geld und gleiche Zeit mit dem Ehemann zuerkennen. Allerdings ist hierfür ein gewisses Vermögen notwendig, das viele Männer nicht haben. Außerdem steht oft nicht der soziale Aspekt, also die Versorgung von alleinstehenden Frauen, im Vordergrund, sondern die Lust und Neigung des Mannes. All dies führt häufig genug zu den Ungerechtigkeiten, von denen der Koran so realistisch spricht. *Es wird euch unmöglich sein, Gerechtigkeit zwischen den Frauen zu üben, sosehr ihr euch das vielleicht auch wünscht. Wendet euch auf keinen Fall nur einer einzigen zu, so dass ihr die andere sozusagen in der Schwebe lasst. Wenn ihr euch allerdings bemüht, zwischen allen zu vermitteln, und dabei gottesfürchtig seid, wirklich, dann verzeiht Gott und ist barmherzig. (4:129)*

Es ist notwendig, die gemeinsame Eheform vor der Eheschließung abzuklären. So kann die Braut zum Beispiel ausschließen, dass ihr Mann weitere Frauen heiratet.

Zeitehe. Die Ehe auf Zeit *(mutʿa)* ist eine islamische Eheform, die sich nur im schiitischen Islam durchgesetzt hat. Die meisten Rechtsschulen sind sich einig, dass aufgrund des Verses 4:24 die Zeitehe erlaubt sei, dort heißt es: *Verboten sind euch verheiratete Frauen, bis auf die, die euch durch eine Ehe an die Seite gestellt sind. Das wird euch von Gott vorgeschrieben. Es ist euch auch erlaubt, dass ihr mit eurem Geld Frauen für euch werbt, allerdings zur Ehe und nicht zur Prostitution.*

Die zeitliche Begrenzung einer solchen Ehe wird von Anfang an festgelegt. Auch hier muss ein Ehevertrag abgeschlossen werden, in dem neben der Morgengabe des Mannes auch die Dauer der Ehe, manchmal sogar die Anzahl der sexuellen Begegnungen festgelegt wird. Die Kinder, die eventuell aus einer solchen Beziehung hervorgehen, gelten als ehelich und sind somit auch erbberechtigt.

Die Zeitehe hatte und hat mehrere Funktionen. Die schiitische Glaubensgemeinschaft erlaubt sie auch, um jungen Menschen eine Möglichkeit zu geben, ihre Sexualität auszuleben und sich dabei zu prüfen, ohne dass dies als Unzucht gilt. So formulierte Ayatollah Morteza Motahharis in seinem Buch «Stellung der Frau im Islam», dass junge Menschen zwar einen bereits voll ausgebildeten Geschlechtstrieb hätten, die «Dauerehe» ihnen aber eine große Verantwortung abverlange, die sie noch nicht übernehmen könnten. Die freiere Zeitehe dagegen erlaube Sexualität und halte gleichzeitig junge Frauen und Männer davon ab, häufig den Partner zu wechseln.

Mit einer solchen Zeit- oder Genussehe (*mutʿa* bedeutet eigentlich «Genuss») lässt sich aber auch das Prostitutionsverbot im Islam unterlaufen, man kann sie ja auch nur für eine Stunde schließen. Während eine solche Zeitehe zum Beispiel im Iran legal ist und auch häufig praktiziert wird, wird sie im sunnitischen Islam wie in Saudi-Arabien mit Prostitution gleichgesetzt, ist verboten und steht sogar unter Strafe.

Scheidung. Grundsätzlich hält es der Koran für notwendig, eine Ehe nach Möglichkeit zu retten. Dazu beschreibt er sehr konkret Konflikte, Vertrauensbruch und Versöhnungsmöglichkeiten: *Und wenn eine Frau von ihrem Ehemann eine grobe Behandlung oder auch Gleichgültigkeit befürchtet, so wird es kein Nachteil für beide sein, wenn sie sich in angebrachter Weise um Versöhnung bemühen; denn Versöhnung ist gut. (4:128)* Außerdem heißt es: *Und wenn ihr vermutet, dass Frauen einen Vertrauensbruch begehen, beratet euch zunächst mit ihnen, und falls keine Änderung erfolgt, dann haltet euch mit Intimitäten zurück, und erst, wenn nichts mehr zu retten sein sollte, geht getrennte Wege. Wenn sie zu einer ehrlichen Haltung zurückkehren, so unternehmt nichts weiter gegen sie. (4:34)*

Die Formulierung in Vers 34, «Geht getrennte Wege», wird oft auch mit «Schlagt sie!» übersetzt. Diese Übersetzung ist zwar nach dem arabischen Text durchaus möglich, lässt aber nicht erkennen, was sie mit einer Konfliktlösung in der Ehe zu tun hat – und um die geht es ja hier.

Wenn eine Frau sich in der Ehe nicht ausreichend versorgt sieht, sei es in materiellen oder in emotionalen Dingen, kann sie die Scheidung fordern. Sie kann einen entsprechenden Passus zwar in den Ehevertrag aufnehmen lassen, die Begründung allein reicht jedoch in der islamischen Rechtssprechung aus, um die Ehe zu trennen. Da in der Zeit der Offenbarung nur die Männer ein Scheidungsrecht hatten, geht der Koran darauf ein und versucht, auch die Willkür, die viele Männer dabei walten ließen, einzudämmen. Es war üblich, dass Männer ihre Frauen verstießen und wieder zu sich nahmen, wann immer es ihnen passte. Ein solches Vorgehen ist nicht nur eine finanzielle, sondern auch eine emotionale Härte. Die alte, auf der Arabischen Halbinsel früher übliche Scheidungsformel: «Du bist mir wie der Rücken meiner Mutter!», lehnt der Koran ab.

Im Falle einer Scheidung gilt die Regel, dass Frauen bis zu ihrer Wiederverheiratung drei Monatsblutungen abwarten sollen, damit man im Falle einer

Schwangerschaft weiß, wer der Vater des Kindes ist und wer für seinen Unterhalt aufkommen muss.

Ehebruch. Ein beiderseitiger Grund zur Beendigung einer Ehe ist der außereheliche Geschlechtsverkehr. Er stellt einen Vertrauensbruch in der Partnerschaft dar.

Allerdings ist der Nachweis für einen Ehebruch nach der Scharia recht schwierig. Das hat damit zu tun, dass in einigen Ländern mit überwiegend muslimischem Bevölkerungsanteil Ehebruch strengstens bestraft wird (siehe S. 62), etwa im Iran oder in Mauretanien. Das war bereits im 7. Jahrhundert zur Zeit der Offenbarung so. Deshalb gilt ein Ehebruch erst dann als bewiesen, wenn vier Zeugen den Geschlechtsakt bestätigen; es genügt nicht, die beiden Beschuldigten in einer eindeutigen Situation zu ertappen. In der Regel ist es sehr schwierig, vier Menschen zu einer solchen einheitlichen Zeugenaussage zu bekommen, denn auf eine Falschaussage stehen nach dem Koran ebenfalls hohe Strafen: *Und denjenigen, die anständigen Frauen Sittenlosigkeit vorwerfen, dafür aber keine vier Zeugen zum Beweis benennen können, denen verabreicht achtzig Peitschenhiebe. Und ihre Zeugenaussage soll nie wieder gelten; denn sie sind die wirklichen Übeltäter. (24:4)*

Aber die Beteiligten müssen nicht verheiratet bleiben, wenn man den Ehebruch nicht beweisen kann. Der Koran sieht hierfür eine einfache Lösung vor: Beide schwören, dass sie die Wahrheit sagen und der Fluch Gottes auf ihnen lasten soll, wenn sie nicht die Wahrheit sagen (24:6–9), danach wird die Ehe aufgelöst.

Grundsätzlich gilt: Ganz wichtig in einer Ehe ist der gegenseitige Respekt und die Fähigkeit, dem anderen Freiräume zu lassen, nicht kontrollieren zu wollen. Auch wenn das soziale Umfeld das gern einfordern würde – der Koran tut es nicht. Eine gute Partnerschaft ist ein Dialog ohne Anfang und Ende.

Nicht nur in Deutschland haben Zwangsheiraten und deren manchmal gewalttätige Folgen Aufsehen erregt. Eine Zwangsheirat ist eine unter Druck vollzogene Hochzeit, die so nicht geschlossen worden wäre, wenn sich Braut und/oder Bräutigam hätten frei entscheiden können. Für die Betroffenen ist eine Zwangsheirat sehr schlimm. Jahrelang ist man gezwungen, mit der angetrauten Person zusammenzuleben und mit ihr Geschlechtsverkehr zu haben. Bei Zwangsheiraten sind – wie bei «Ehrenmorden», auf die wir noch zu sprechen kommen – die Opfer vorwiegend Frauen.

Genaue Zahlen für Zwangsheiraten in Deutschland liegen bis heute nicht vor. Dennoch wurden in den vergangenen Jahren aufgeregte Debatten um das Thema geführt und zuletzt sogar extra Gesetze geändert. Das alles vermittelt den Eindruck, in Deutschland sei eine Mehrheit muslimischer junger Menschen davon betroffen. Experten glauben jedoch, dass das Ausmaß überschätzt wird.

Zwangsehen muss man zudem von arrangierten Ehen unterscheiden. Zu einer arrangierten Ehe werden Braut und Bräutigam von Freunden oder Familienangehörigen zusammengeführt. Eine arrangierte Hochzeit kann zwar auch eine Zwangsheirat sein, muss es aber nicht. Unproblematisch ist sie, wenn Mann und Frau die Möglichkeit haben, sich frei für oder gegen die Heirat zu entscheiden. Wichtig ist dabei, dass beide verständig und reif genug sind, um eine solche Entscheidung zu treffen.

Die Verheiratung eines Kindes, das ein bestimmtes Alter noch nicht erreicht hat, ist daher grundsätzlich als Zwangsheirat und schwere Verletzung der Menschenwürde zu verstehen. Bis zu welchem Alter das gilt, lässt sich nicht genau sagen. Manche jungen Menschen sind früher reif, andere später. Die Regelungen über das heiratsfähige Alter unterscheiden sich von Land zu Land. In Deutschland müssen die Eheleute volljährig sein, in Ausnahmefällen darf man mit sechzehn heiraten.

Die Tradition, vor allem Mädchen sehr früh eine Ehe aufzuzwingen, gibt es heute noch in vielen Kulturkreisen. Wie bei den Ehrverbrechen spielt die Religion auch hier nur eine untergeordnete Rolle. Ein häufiger Grund für Zwangsheiraten ist Armut: Wenn die Tochter verheiratet ist, muss sich der Mann um die

Versorgung kümmern, nicht mehr die Eltern. Manche Familien wollen dadurch auch sicherstellen, dass innerhalb einer bestimmten (Dorf-)Gemeinschaft geheiratet wird, andere wollen so die Jungfräulichkeit garantieren. Die Bewahrung der Jungfräulichkeit vor der Hochzeit ist für viele Muslime ein sehr wichtiges religiöses Gebot. Auch hieran knüpfen viele die «Ehre» ihrer Familie.

Ferner können Zwangsheiraten eine Disziplinierungsmaßnahme sein. Wenn Kinder auf die «schiefe Bahn» zu geraten drohen, erhoffen sich Eltern, dies durch die gegenseitige Verantwortung und die Sicherheit zu verhindern, die eine Ehe mit sich bringen kann. Es gibt auch ganz praktische Überlegungen: Zwangsheiraten etwa mit jemandem, der einen deutschen Pass besitzt, können dazu dienen, eine Einreisegenehmigung zu bekommen. Und schließlich führen manche Muslime die Tradition der frühen Verheiratung unmittelbar auf den Propheten Muhammad zurück. Geht das?

Muhammad und Aischa. Der Überlieferung nach soll Muhammad seine Lieblingsfrau Aischa geheiratet haben, als sie noch sehr jung war, obwohl er selbst schon über fünfzig Jahre alt war. Es ist wissenschaftlich jedoch nicht klar belegt, wie alt Aischa wirklich war. Die Angaben schwanken zwischen sechs und fünfzehn Jahren. Islamische Theologen sind zu dem Ergebnis gekommen, dass sie bei der Verlobung neun oder zehn und beim Vollzug der Ehe vierzehn oder fünfzehn Jahre alt gewesen sein muss.

Egal, wie alt Aischa nun genau war – aus unserer heutigen Sicht wäre diese Heirat nicht akzeptabel. Man darf in diesem Alter niemanden verheiraten und erst recht nicht zum Vollzug der Ehe zwingen. Und dennoch können wir heute Muhammad nicht einfach als Pädophilen verdammen, wie dies in islamfeindlichen Kreisen manchmal geschieht. Wir leben 1400 Jahre später. Kinder hatten damals eine andere Stellung, sie wurden nicht als die schutzbedürftigen kleinen Wesen betrachtet, die wir mit unseren heutigen Erkenntnissen aus der Psychologie oder Soziologie in ihnen sehen. Zudem gehen Forscher davon aus, dass Kinder aufgrund der damaligen Lebensumstände – die Menschen wurden meist auch nicht so alt – früher reif waren als heute; es war ja auch selbstverständlich, dass sie bei der Arbeit halfen. Es war damals üblich, Kinder in jungen Jahren zu verheiraten. Dadurch wurden die Beziehungen zwischen Sippen und Stämmen gefestigt. Außerdem galt es als besonderer Vertrauensbeweis, seine Kinder schon frühzeitig jemandem zu versprechen. Auf diese Weise wurden Kriege beendet, oder es wurde ihnen vorgebeugt. Besitztum wurde vermehrt, Reiche wurden vergrößert. Solche politischen Gründe für Hochzeiten kennt man aus der gesamten Weltgeschichte, gerade aus Europa.

Die islamische Überlieferung spricht zudem davon, dass Aischa die einzige Jungfrau war, die Muhammad je geehelicht hat. Alle anderen Frauen des Propheten waren verwitwet oder geschieden.

Familie: Miteinander leben

Familie – dieser Begriff wird gern mit wohlwollenden und sehr idealisierten Vorstellungen bedacht, und er beinhaltet viele Klischees, vor allem Rollenklischees. Heute begegnen uns im Alltag viele bunte Facetten von «Familie», auch in Ländern mit überwiegend muslimischer Bevölkerung: Es gibt traditionell orientierte Großfamilien und moderne Kleinfamilien, neu zusammengefügte Patchworkfamilien und alleinerziehende Mütter oder Väter, aber auch Singlehaushalte, die natürlich auch eine Familie im Hintergrund haben. Unter den in Deutschland lebenden Familien haben inzwischen viele zwei Kulturen und zwei Religionen, oft auch unterschiedliche islamische Prägungen. All diese Varianten sind aus Sicht des Korans legitim und erwünscht, denn es gibt keine Vorschriften und Vorgaben, wie eine muslimische Familie aussehen sollte.

Der Koran spricht von Familie eher im Sinne eines Clans, das heißt, es geht um mehr als drei Generationen. Die Familie gilt als Rückhalt und als Streitschlichter, als Ort der Geborgenheit, aber auch von Konflikten, und dies spiegelt sich in verschiedenen Geschichten.

Beim ersten Brüderpaar Qabīl und Habīl (Kain und Abel) führt Neid zu einem blutigen Ende; in der Geschichte von Yūsuf (Josef) und seinen Brüdern kommt es aufgrund des schlauen und besonnenen Vorgehens von Yūsuf selbst zu einem «guten Ende». Konflikte zwischen Eltern und Kindern werden in der Geschichte von Nuh (Noah) und seinem Sohn ebenso beschrieben wie in den unterschiedlichen Episoden von Ibrahim (Abraham) mit seinem Vater und später mit seinem Sohn.

Aber auch die Beziehung zwischen Mutter und Kind wird im Koran ausführlich beschrieben, so bei der Mutter und der Schwester Musas (Moses), die durch ihren Verzicht und ihre Umsicht dem kleinen Musa zum Überleben verhelfen. Oder bei Maryam (Maria), der einzigen Frau, die im Koran namentlich genannt und nach der sogar eine ganze Sure benannt ist. Sie wagt etwas für ihre Zeit Ungeheuerliches, nämlich ein Kind ohne leiblichen Vater zur Welt zu bringen. Im Grunde sind die koranischen Familiengeschichten ein Spiegel allgemeinmenschlicher Konflikte, so wie sie schon immer waren – bis heute.

Weder der Koran noch die Beispiele aus dem Alltag des Propheten Muhammad geben ein starres Rollenverständnis vor, sondern fordern die Verantwortung jedes Einzelnen für das Funktionieren der Familie. Der Koran und die Hadithe enthalten allgemeingültige Prinzipien, nach denen man entscheiden und handeln soll, aber auch detaillierte Regeln für Einzelfälle. Um sie angemessen zu verstehen, muss man sie in ihrem historischen Zusammenhang sehen. Nicht jede Regel gilt jederzeit für jeden.

Trotzdem werden aus Koran und Hadithen oft noch traditionelle (patriarchale) Rollenvorstellungen abgeleitet, nach denen Männer allein das Oberhaupt der Familie und diejenigen seien, die zu bestimmen hätten.

Besonders Mädchen und Frauen haben häufig unter solchen starren Mustern zu leiden, die heute altmodisch und nicht mehr zeitgemäß erscheinen. Allein schon deshalb müssen sie überdacht werden. Was will der Koran uns heute sagen?

Gleiche Pflichten – gleiche Rechte. Äußerungen im Koran zu Unterschieden zwischen Männern und Frauen beziehen sich allein auf die biologischen Gegebenheiten. Frauen gebären Kinder und stillen sie. Dies ist nach traditionellem Verständnis eine Leistung, die durch den Vater des Kindes honoriert werden muss. Sei es durch angemessene Unterhaltszahlungen, sei es durch Beschäftigung einer Amme. Ansonsten haben muslimische Frauen die gleichen Rechte und Pflichten wie Männer, und es gilt:

- Frauen sind als Geschöpfe Gottes den Männern gleichgestellt: *Ihr Menschen, habt Ehrfurcht vor eurem Herrn, der euch aus einem einzigen Wesen erschaffen hat. Daraus erschuf er auch das Partnerwesen, und aus diesen beiden ließ er viele Männer und Frauen entstehen. (4:1)*

- Frauen können nicht für den Auszug aus dem Paradies verantwortlich gemacht werden, denn den haben laut Koran beide verschuldet: *Da aßen sie beide davon, so dass ihnen ihre Blöße bewusst wurde, und sie begannen, sich mit Blättern des Gartens zu bedecken. Und so befolgte der Mensch das Gebot seines Herrn nicht und ließ sich verleiten. (20:121)*
- Frauen sind wie die Männer dazu verpflichtet, zu beten, zu fasten, Abgaben zu zahlen und die Pilgerfahrt zu absolvieren.
- Frauen haben dieselben Pflichten gegenüber den eigenen Eltern wie die Männer: *Dein Herr hat entschieden, dass ihr ihm allein dienen sollt. Zu den Eltern sollt ihr gut sein. Wenn einer oder beide unter Altersschwäche leiden, sag nie «Pfui» zu ihnen. Schimpfe nicht mit ihnen, sondern sprich sanft zu ihnen. Sei ihnen gegenüber gütig und bescheiden, und sag aus Barmherzigkeit: «Herr, sei barmherzig zu ihnen, so wie sie mich barmherzig aufgezogen haben, als ich klein war.» (17:23–24)* Die gleiche Behandlungsweise gilt auch für alte und schwache Menschen sowie für Behinderte, die ganz selbstverständlich in die Familie integriert und gefördert werden sollen.
- Frauen sind in gleichem Maße für das Wohl der Familie verantwortlich wie Männer. In der Regel wird der Mann als Versorger der Familie angesehen – aber der arabische Begriff *radschul*, der zwar in erster Linie «Mann» bedeutet, kann auch übersetzt werden mit «jemand, der ein Standbein in der Gesellschaft hat», also «jemand, der das Geld nach Hause bringt». In heutigen Zeiten ist das immer öfter auch die Frau. Daher kann nicht nur die Pflicht, die Familie zu unterhalten, auf sie übergehen; es leiten sich daraus auch Rechte ab.
- Frauen tragen Mitverantwortung in der Gesellschaft: *Die Gott ergebenen Männer und die Gott ergebenen Frauen, die gläubigen Männer und die gläubigen Frauen, die Männer, die gegenüber Gott gehorsam sind, und die Frauen, die gegenüber Gott gehorsam sind, die ehrlichen Männer und die ehrlichen Frauen, die geduldigen Männer und die geduldigen Frauen, die bescheidenen Männer und die bescheidenen Frauen, die Männer, die spenden, und die Frauen, die spenden, die Männer, die fasten, und die Frauen, die fasten, die Männer, die ihren Anstand*

wahren, und die Frauen, die ihren Anstand wahren, die Männer, die häufig an Gott denken, und die Frauen, die häufig an Gott denken – Gott hat für sie alle Gnade und großen Lohn vorgesehen. (33:35)

- Und schließlich: Frauen werden im Jenseits mit den gleichen Maßstäben gemessen wie Männer: *An dem Tag wirst du sehen, wie das Licht der gläubigen Männer und Frauen vor ihnen und rechts von ihnen hereilt. «Euch wird heute eine frohe Botschaft bekannt gegeben: In den Paradiesgärten, in deren Niederungen Bäche fließen, werdet ihr ewig bleiben. Das ist das große Glück.» (57:12)*

Kinderrechte. Übrigens: Auch Kindern wird im Koran ein Mitspracherecht eingeräumt, wie zum Beispiel in der schon erwähnten Geschichte von Ibrahim und seinem Sohn: *Als er alt genug war, mit ihm zu arbeiten, sagte Ibrahim: «Mein Sohn, ich sah im Schlaf, dass ich dich opfere. Also, wie siehst du das?» (37:102)*

Sowohl der Koran als auch die Überlieferungen bestätigen Kindern noch eine Reihe anderer Rechte. Sie haben zum Beispiel ein Recht darauf, gestillt zu werden (Vers 2:233). Sie haben ein Recht auf eine angemessene Erziehung und auf gleiche, das heißt gerechte Behandlung, auch unter Geschwisterkindern. Und sie haben das Recht auf eine respektvolle Behandlung: «Tabit Al-Bunanyy berichtete: ‹Anas Ibn Malik pflegte, wenn er an Kindern vorbeiging, sie mit dem Friedensgruß zu grüßen. Er fügte hinzu: Der Prophet hat dies immer getan.›» (nach Buchārī) Dem Propheten Muhammad wird auch folgender Ausspruch zugeschrieben: «Sei freundlich zu deinem Kind, und lass seine Kindheit hervorragend sein.»

Grundsätzlich gilt: Familien werden nicht «gemacht», sondern wachsen. Zu diesem Wachstumsprozess muss jeder, Mann und Frau, etwas beitragen, und dazu gehören außer Geduld auch Klugheit, Respekt und Rücksicht: *Die gläubigen Männer und die gläubigen Frauen sind einander Freunde und Beschützer. (9:71)*

Für traditionell denkende Menschen ist der Wert der Familie ganz eng mit der Ehre der Familie verknüpft. Und so muss in diesem Zusammenhang auch das heikle Thema «Ehrenmord» angesprochen werden. Der Begriff «Ehrenmord» ist missverständlich, da man meinen könnte, hier werde jemand «ehrenvoll» ums Leben gebracht. Unter «Ehrenmord» ist jedoch die Tötung eines Menschen zu verstehen, der sich nach den Vorstellungen seiner Familien «unanständig» verhalten und dadurch große Schande über sich und seine Angehörigen gebracht hat. Die Tat wird in der Regel von einem Familienmitglied begangen oder in Auftrag gegeben. Opfer sind überwiegend Frauen und Mädchen, da die «Ehre» insbesondere an ihrem keuschen und «anständigen» Verhalten festgemacht wird.

Weltweit kommt es nach Schätzungen der UNO jährlich zu mehr als 5000 Ehrenmorden. Wahrscheinlich sind es noch mehr, denn die Dunkelziffer ist hoch. Das Bundeskriminalamt zählte in Deutschland von 1996 bis 2005 immerhin insgesamt 48 Mordfälle und 22 Versuche, dabei starben 70 Menschen, mehr als zwei Drittel waren Frauen. Doch es muss nicht immer ein Mord sein, wenn es um die Ehre geht. Manchmal werden die Opfer schwer verletzt, etwa indem man sie mit Säure überschüttet, sodass sie ihr Leben lang entstellt sind.

Der Ehrenmord an Hatun Sürücü im Jahre 2005 entfachte eine intensive und immer noch anhaltende Debatte in Deutschland. Die 23-Jährige wurde in Berlin von ihrem jüngeren Bruder erschossen, nachdem sie den Mann, mit dem sie unter Zwang verheiratet worden war, in der Türkei zurückgelassen, sich eine eigene Wohnung gesucht und ihr Kopftuch abgelegt hatte.

In Deutschland geschehen zwar solche Verbrechen im Namen der Ehre meist in muslimischen Familien, und häufig sind türkischstämmige Mitbürger betroffen, da Türken die größte Einwanderergruppe stellen. Dennoch sind Ehrenmorde ein weltweites Phänomen und zum Beispiel auch unter Hindus in Indien sehr verbreitet. Auch in vielen christlichen lateinamerikanischen Ländern wie Kolumbien, Brasilien oder Peru klagen Menschenrechtsorganisationen ähnliche Verbrechen an Frauen und Mädchen an. Selbst im christlichen Europa gibt es sie, in Spanien oder Italien. Allein im Jahr 2000 registrierte die italienische Polizei 47 Ehrenmorde oder Morde aus Leidenschaft.

Offensichtlich hat ein Ehrenmord nicht direkt etwas mit der Religion zu tun. Im Islam gibt es – wie im Christentum – keine religiöse Grundlage, die einem Menschen erlauben würde, wegen der verletzten «Ehre» jemanden zu töten. Im Gegenteil. Mord ist theologisch eindeutig verboten. Ehrenmorde haben kulturelle Ursachen. Sie treten vor allem in patriarchalischen Gesellschaften auf – dort, wo Überlegenheits- und Machtansprüche der Männer gegenüber Frauen herrschen, wo Frauen nicht als gleichwertig betrachtet werden, sondern manchmal sogar als Besitz, mit dem Männer machen können, was sie wollen.

Trotzdem gibt es in gewissen islamischen «Traditionen» bestimmte altmodische Vorstellungen, auf die man sich beruft, um Ehrverbrechen zu rechtfertigen. Von manchen Familien wird es als Teil ihrer «Ehre» angesehen, für die Einhaltung der Sittlichkeit Sorge zu tragen. Dies gebietet ihnen angeblich die Religion. Und weil außerehelicher Geschlechtsverkehr verboten ist (siehe S. 91), glauben manche Männer, als Ehemann oder Vater oder Bruder selbst «die Verbrecherin» bestrafen zu dürfen. Um die Ehre wiederherzustellen, kann sich ein Mann sogar gezwungen sehen, sein eigenes Kind oder seine eigene Ehefrau zu töten.

Die Tötung eines Mannes – in einem Eifersuchtsdrama zum Beispiel – kann außerdem die sogenannte Blutrache nach sich ziehen. Die Angehörigen des Opfers wollen oder müssen dann jemanden aus der Familie des Täters umbringen. Das gebietet die Ehre. Hier entsteht enormer sozialer Druck. Der, dessen Ehre verletzt ist, wird von seiner Gemeinschaft gemieden und ausgegrenzt. Erst wenn die Ehre wiederhergestellt ist, wird man von der Gesellschaft wieder aufgenommen.

Alle diese uralten Vorstellungen passen nicht in einen modernen Rechtsstaat wie die Bundesrepublik Deutschland – und sie passen auch nicht zum Islam.

Die Frage der Kleidung wird oft als besonders wichtig oder sogar wesentlich für den Islam angesehen. Im Koran gibt es mehrere Ausführungen zur Kleidung, die einigen Spielraum zur Interpretation lassen. Grundsätzlich sollen muslimische Männer und Frauen sich in einer Weise kleiden, die ein gewisses Maß an «Anstand» erkennen lässt. Das ist allerdings ein dehnbarer Begriff, und die Menschen haben ganz unterschiedliche Auffassungen davon, was «anständig» ist und was nicht.

In Deutschland dreht sich seit dem Fall einer Kopftuch tragenden muslimischen Lehrerin, die gegen die Ablehnung ihrer Verbeamtung geklagt hat, nahezu jede Diskussion über Kleidung um das Kopftuch. Die Meinungen reichen von «Muss unbedingt getragen werden, da es ein göttliches Gebot ist» bis zu «Ist in der heutigen Zeit nicht mehr nötig». Tatsache ist, dass es zwei Stellen im Koran gibt, die stets als Belegstellen herangezogen werden:

Prophet! Sag zu deinen Frauen und deinen Töchtern und zu den Frauen der Gläubigen, sie sollen ihre Gewänder ausreichend über sich ziehen. So werden sie eher erkannt und nicht belästigt. (33:59)

Die andere Stelle lautet:

Und sag den gläubigen Frauen, sie sollen ihre Augen niederschlagen und ihren Anstand bewahren. Den Schmuck, den sie tragen, sollen sie nicht offen zeigen, wenn er nicht sowieso sichtbar ist. Ihr Tuch sollen sie sich über die Kleiderausschnitte ziehen und ihren Schmuck niemandem außer ihren Ehemann, Vater, Schwiegervater, ihre Söhne, … (es folgt eine lange Liste von Angehörigen der Familie und des Haushalts) *sehen lassen (24:31)*

Vers 33:59 ist vor einem bestimmten historischen Hintergrund offenbart worden und hat damit zu tun, dass durch die Identifizierbarkeit muslimischer Frauen eine «Anmache» ausgeschlossen werden sollte. Es ging also darum, als Muslimin erkannt zu werden und damit geschützt zu sein. Für viele muslimische Frauen und Männer ist ein solcher Schutz heute nicht mehr notwendig. Deshalb

leiten sie aus dem Vers auch kein Gebot zur Kopfbedeckung ab. Andere Frauen betrachten das Kopftuch oder den Schleier als Teil ihrer muslimischen Identität, das heißt, sie wollen, entsprechend dem Koranvers, als Muslimin zu erkennen sein.

Der zweite Text hat seine Begründung eher darin, dass Hochmut und Angeberei mit Kleidung oder Schmuck vermieden werden sollten. Der Schwerpunkt liegt darauf, ein gewisses Gefühl für Scham und Würde zu entwickeln.

Das gilt allerdings auch für Männer: *Ihr Menschen, wir gaben euch Kleidung, um eure Intimbereiche zu bedecken, und als Schmuckwerk, aber das Kleid der Frömmigkeit – das ist das beste. Dies ist eines der Zeichen Gottes, über die die Menschen nachdenken sollen. (7:26)*

Der Koran lässt also – speziell, was das Kopftuch betrifft –mehrere Interpretationen zu: Nach klassischer Auslegung muss die Frau ihr Haupt bedecken. Mit einem anderen Blick auf den Koran kann man aber auch zu einem anderen Ergebnis kommen.

Egal, welcher Sichtweise man folgen will, wichtig ist am Ende allein, dass jede Frau ihre Entscheidung frei und ohne Druck treffen kann. Im Glauben darf es keinen Zwang geben, sagt der Koran. Außerdem ist jeder Mensch, wenn er vor Gott steht, für sich selbst verantwortlich. Dass in Kleiderfragen traditionelle Vorstellungen einen gewissen Einfluss haben, ist nicht von der Hand zu weisen, aber allein der modische Aspekt hat dazu geführt, dass viele Mädchen und Frauen ihre eigenen Vorstellungen mit einbringen und selbst neue Traditionen prägen.

Viele werden jedoch nicht gefragt, sondern ihre Mütter und Väter, ihre Ehemänner, Brüder und Schwestern, ihre Großeltern, Onkeln und Tanten etc. verlangen von ihnen, das Kopftuch zu tragen – einfach weil sie es so gewohnt sind oder Angst vor dem Gerede der Leute haben.

Ab welchem Alter trägt frau ein Kopftuch? Traditionell sagen die Muslime: sobald ein Mädchen geschlechtsreif ist und das heiratsfähige Alter erreicht hat. Doch das ist nicht eindeutig. In Deutschland etwa ist man mit Vollendung des achtzehnten Lebensjahres heiratsfähig, manche Mädchen sind aber schon mit elf, zwölf Jahren geschlechtsreif.

Je dogmatischer eine Familie oder eine Gesellschaft eingestellt ist, desto eher wird eine starke Verschleierung bis Vollverschleierung zum Thema. Diese kann so weit gehen, dass kein Stück Haut mehr zu sehen ist und auch die Augen bis auf einige Lücken zum Sehen verdeckt sind. So tragen Frauen zum Beispiel im Maghreb vor allem den traditionellen Niqab, einen Gesichtsschleier, bei dem nur noch die Augen durch eine Öffnung zu sehen sind, oft in Kombination mit dem langen schwarzen Hidschab, der den ganzen Körper bedeckt, manche aber auch nur ein breites Kopftuch oder gar kein Tuch. In Afghanistan ist die Burka gebräuchlich, bei der auch der Augenschlitz mit einem Gitternetz bedeckt ist, während im Iran eher der Tschador, ein einziges großes Tuch, das um Kopf und Körper geschlungen wird, getragen wird.

Frauen, die zur Vollverschleierung gezwungen werden, müssen wie in einem Gefängnis leben. Das hat aber mit dem Islam nichts mehr zu tun, sondern mit der Auslegung in bestimmten Gruppen, Gemeinden oder Staaten.

Bart ab? Auch die Frage, ob Männer einen Bart tragen sollen, wird oft kontrovers diskutiert. Im Koran gibt es diesbezüglich keine Vorgaben. Einige berufen sich auf die Tradition des Propheten, der angeblich selbst einen Bart getragen hat. Nach Abū Huraira soll er gesagt haben: «Schneidet den Schnurrbart kurz, lasst den Bart wachsen und unterscheidet euch von den Nichtmuslimen.» So steht es in Muslims Hadithsammlung.

Bei vielen galt und gilt das Rasieren des Bartes auch als Verweiblichung, denn der Bart wird von ihnen als klares Unterscheidungsmerkmal von Männern und Frauen betrachtet. Da es kein eindeutiges koranisches Gebot gibt, den Bart wachsen zu lassen, und da es auch kein Verbot gibt, sich zu rasieren, bleibt es jedem Mann allerdings selbst überlassen, wie er dies handhabt.

8. Tradition und Kunst

Glaube und Wissenschaft

Wissenschaft und Forschung haben eine uralte Tradition im Islam, schon seit der Zeit des Propheten. Bereits die erste Offenbarung beinhaltet auch diesen Auftrag, denn die Aufforderung des Engels Gabriel, das arabische Wort *Iqrā*, bedeutet nicht nur «Lies!», sondern auch «Forsche!». Viele Muslime nahmen den Auftrag des Korans, die Schöpfung zu erkunden, sehr ernst.

Bereits in der frühislamischen Zeit bemühte man sich darum, die Verse des Korans nicht nur wortwörtlich zu nehmen, sondern auch weitere Deutungsmöglichkeiten zu erschließen. Denn genau dies gibt zum Beispiel Vers 38:29, der zum Nachdenken über die Offenbarungen auffordert, vor (siehe S. 55). So ist der Koran selbst immer wieder Forschungsgegenstand gewesen – bis heute.

Gott fordert die Menschen auf, ihren Verstand zu benutzen und ihre Umgebung und die Natur zu erforschen. So entstanden schon früh zahlreiche Bücher und Lehrbriefe, die auch für die nichtmuslimische Welt von großem Interesse waren: Der Arzt Ibn Sīnā (980–1037), im Westen bekannt als Avicenna, verfasste das Werk «Gesetz der Medizin» *(qanūn at-tibb);* es galt, als Kanon der Medizin ins Lateinische übersetzt, bis ins 17. Jahrhundert hinein als wichtigstes Lehrbuch der Medizin auch in Europa. Ähnlich berühmt wurde zum Beispiel al-Farābī (870–950), der in der Philosophie und Musiklehre sehr bedeutend war. Er kannte die philosophischen Werke der Griechen wie Aristoteles oder Platon und bemühte sich um weitere Übersetzungen ihrer Texte. Ähnlich wie Ibn Ruschd (1126–1198), auch Averroes genannt, entwickelte er in der Philosophie eigene Ansätze in der Logik. Diese grundlegenden Vorstellungen haben die Philosophie und die Naturwissenschaften in Europa seit dem Mittelalter stark beeinflusst.

Den großen Widerspruch zwischen heiliger Schrift und Naturwissenschaften gab es – anders als im Westen – kaum: *Wollen sie denn nicht versuchen, den Koran zu verstehen? Wäre er nicht von Gott, sondern von einem anderen, dann würden sich darin ganz sicher viele Widersprüche finden. (4:82)* Im Gegenteil, viele naturwissenschaftliche Erkenntnisse wurden dadurch entwickelt, dass bestimmte Koranverse in einen übergeordneten oder auch ganz anderen Zusammenhang gesetzt und daraus Schlüsse gezogen wurden.

Ein spannendes Beispiel: Vers 31:29 enthält die Aussage, dass jedes Gestirn in seiner Bahn läuft: *Hast du denn nicht gesehen, dass Gott die Nacht in den Tag übergehen lässt und wiederum den Tag in die Nacht, dass er die Sonne und den Mond in seinen Dienst gestellt hat? Beide ziehen ihre Bahn bis zu einer von ihm bestimmten Frist. Und Gott weiß genau, was ihr tut.* Der darin enthaltene Ausdruck *kullun fī falakin* («Beide ziehen ihre Bahn») ergibt, in arabischen Buchstaben geschrieben, vor- und rückwärts die gleiche Aussage; es handelt sich um ein sogenanntes Palindrom. Inhalt und sprachliche Form decken sich also auf geradezu wunderbare Weise, und daraus haben die Muslime bereits im 8. Jahrhundert die Schlussfolgerung gezogen, dass die Erde keine Scheibe ist, dass sie sich nicht im Mittelpunkt des Universums bzw. unseres Sonnensystems befindet und dass sie sich um die Sonne dreht. Das war in der damaligen Zeit eine revolutionäre Erkenntnis, denn andere Wissenschaftler waren ganz anderer Meinung. Sie waren überzeugt, dass die Erde im Mittelpunkt des Universums steht. Heute wird von muslimischer Seite voller Stolz auf diese Errungenschaften hingewiesen, wobei oft vergessen wird, dass diese Form des wissenschaftlichen Denkens nicht weiterentwickelt worden ist.

Ein weiteres Beispiel für die Beschreibung naturwissenschaftlicher Phänomene im Koran ist der Wasserkreislauf in der Atmosphäre: *Und er schickt die Winde als Boten seiner Barmherzigkeit. Wenn sie dann schwere Wolken vor sich hertreiben, leiten wir sie auf totes Land und lassen das Wasser herabkommen. Dadurch lassen wir viele verschiedene Früchte hervorkommen. (7:57)*

Forschung und Lehre sind im islamischen Denken frei. Der Forschende soll aber mit Respekt an Gottes Schöpfung herangehen. Trotzdem dürfen und sollen Dinge in Frage gestellt werden, und die Diskussion darüber ist sogar unentbehrlich. Diese Freiheit im Denken und Forschen hat die Muslime in frühislamischen

Zeiten zu bedeutenden Erkenntnissen gebracht, die der gesamten Menschheit genützt haben. Nur darf die Suche nach Wissen nicht stehen bleiben, man darf sich nicht mit dem, was in alten Zeiten erforscht wurde, zufrieden geben aus Angst, man könnte vielleicht zu anderen Ergebnissen kommen als frühere Gelehrte. Dann wäre Tradition lähmend. Und damit würden sich die Menschen auch immer weiter vom ersten koranischen Auftrag entfernen: «Lies!/Forsche!» oder auch: «Denke selbst!»

Der böse Blick

Im Leben von gläubigen Muslimen spielen Brauchtum und Tradition eine sehr große Rolle. Dabei gilt: Tradition fußt nicht immer auf Religion, aber Religion hat immer ihre Traditionen.

Zu diesen religiösen Traditionen gehören auch abergläubische Vorstellungen. Der «böse Blick» *(nadhar)* etwa wird in den Hadithen behandelt. Man stellte sich vor, dass ein Mensch, geleitet von Neid oder Missgunst, einen anderen Menschen mit dem bösen Blick treffen kann. Das «Opfer» des bösen Blicks erkrankt dadurch, oder der Körperteil oder die Eigenschaft, die beneidet wurde, ist plötzlich beeinträchtigt.

Dazu zitiert Abū Dāuūd den Propheten so: «Dem mit dem bösen Blick wurde befohlen, die Reinigungswaschung zu vollziehen. Dann reinigte sich auch der vom bösen Blick Getroffene.» Dieser Hadith gibt also Muhammads Empfehlung wieder, sich als Überträger des bösen Blicks einer rituellen Waschung zu unterziehen. Die rituelle Waschung reinigt nicht nur den Körper, sondern ebenso die Seele, sodass durch die Reinigung auch die schlechte Wirkung des bösen Blicks aufgehoben wird.

Doch man kann sich vor dem bösen Blick schützen. Die beiden bekanntesten Hadithsammler Buchārī und Muslim nennen beide einen Hadith, der über Aischa, die Lieblingsfrau des Propheten, überliefert wird. Darin soll ihr Muhammad geraten haben, gegen den bösen Blick Heilgebete *(ruqya)* zu sprechen. Solche Heilgebete bestehen meist aus unterschiedlichen Koranversen oder Koranausdrücken, die in einer bestimmten Reihenfolge und in bestimmter Wiederholung gelesen werden, um das Böse abzuwenden. Diese Form des Gebets wird auf den Erzengel Gabriel zurückgeführt, der öfter für den Propheten diese Gebete gesprochen haben soll, wenn Muhammad sich nicht wohlfühlte:

«Aischa – Gottes Wohlgefallen auf ihr – sagte: ‹Der Engel Gabriel sprach gewöhnlich Worte über den Propheten – Gott segne ihn und spende ihm Heil –, um seine Schmerzen zu erleichtern. Er sagte: Du sollst mit der Kraft Gottes Erleichterung von den Schmerzen spüren, geheilt von Leiden und von Neid und vor dem bösen Blick beschützt sein.›»

Um gar nicht erst vom bösen Blick oder ähnlichem Übel getroffen zu werden, sollten zwei Suren aus dem Koran regelmäßig rezitiert werden.

Sure 113:1–5 (*al-falaq*, «Die Morgendämmerung»): *Sag: «Ich suche Zuflucht beim Herrn der Morgendämmerung, vor dem Unheil, das er erschaffen hat, vor dem Unheil der Finsternis, sobald sie sich ausbreitet, vor dem Unheil derer, die Hexerei und Zauberei betreiben, und vor dem Unheil, das von Neidern ausgeht.»*

Und Sure 114:1–6 (*an-nās*, «Die Menschen»): *Sag: «Ich suche Zuflucht beim Herrn der Menschen, dem König der Menschen, dem Gott der Menschen. Ich bitte um Schutz vor dem Unheil der Einflüsterungen und Versuchungen des Teufels, der das Innerste beeinflusst, das der Dschinn wie das der Menschen.»*

Es gehört zur muslimischen Tradition, dass schon Kinder unter anderem diese beiden Suren auswendig aufsagen können – wie eine vorbeugende Arznei zur Abwehr von Schlechtem. Viele kennen auch den Brauch, Neugeborenen und Kindern einen Miniaturkoran unter das Kopfkissen zu legen. Solche Miniausgaben des Korans oder einzelner Verse hängen beispielsweise auch in Autos, um einen Unfall zu verhindern.

Nach einem verbreiteten Volksglauben schützt vor dem bösen Blick auch die «Hand der Fatima», arabisch *Hamsa (Khamsa)* genannt, nach der Zahl fünf. Das Handsymbol geht auf Fatima, die jüngste Tochter des Propheten aus der Ehe mit seiner ersten Frau Chadidscha zurück. Die Fatima-Hand – oft mit einem großen Auge in der Mitte – soll auch vor den Dschinn und allerlei Unheil schützen. Und wir finden sie überall, gemalt auf Hauswänden und in Büchern, in Wappen, als silbernes Schmuckstück oder Amulett – und ebenfalls in

Autos baumelnd. Ähnlich verhält es sich mit dem in der Türkei gebräuchlichen *Nazar Boncuk*, einem Augen-Amulett gegen den bösen Blick.

Doch es gibt auch Traditionen, die überhaupt nichts mit der Religion des Islams zu tun haben, auch wenn viele Menschen dies so annehmen. So ist es unter Muslimen (aber auch Nichtmuslimen!) eine weit verbreitete Gewohnheit, dreimal mit der Hand auf Holz zu klopfen, wenn man sich in einem «geschützten» Zustand befindet und sich wünscht, ihn so lange wie möglich beizubehalten.

Musik und Tanz

«Aischa erzählte: ‹Der Gesandte Allahs kam in mein Haus, während zwei Mädchen neben mir die Lieder von Buʿāth sangen. Der Prophet legte sich hin und drehte seinen Kopf auf die andere Seite. Dann kam Abū Bakr und sagte mir grob: ‹Musikalische Instrumente des Satans in der Nähe des Propheten?› Daraufhin wendete der Gesandte Allahs ihm sein Gesicht zu und sagte: ‹Lass sie!› Als Abū Bakr unaufmerksam wurde, deutete ich diesen Mädchen an zu gehen, und sie gingen.» So weit der von Buchārī aufgezeichnete Hadith.

Ob es im Koran ein Verbot von Musik gibt, darüber streiten die Gelehrten seit einigen Jahrhunderten, und es haben sich völlig gegensätzliche Meinungen hierzu entwickelt. Sie reichen von der Vorstellung, dass Musik völlig verboten sei, bis hin zu der Ansicht, dass sie selbstverständlich erlaubt sei, solange sie nicht islamischen Wertvorstellungen widerspricht.

Bei der Diskussion geht es seit den Anfängen des Islams meist um folgende Fragen: Halten Dinge und Beschäftigungen wie zum Beispiel Musik den Menschen von wichtigen religiösen oder sozialen Verpflichtungen ab? Das lässt sich aber grundsätzlich zu allem fragen, was einen beeinflusst, ob es sich um ein Sportereignis, ausgedehntes Shoppen, sinnlos langes Telefonieren, stundenlanges Internetsurfen oder eben Musik handelt.

Und zum anderen: Sind Texte und Inhalte von Liedern diskriminierend, herabwürdigend, oder verherrlichen sie Gewalt? Aber auch dieses Kriterium gilt genauso für andere Dinge wie Gedichte oder Bücher, Zeitungen, Filme usw.

Die Gegner der Musik interpretieren ein Verbot in bestimmte Koranstellen hinein, zum Beispiel in diese: *Wundert ihr euch über diese Botschaft und lacht, anstatt zu weinen? Wollt ihr so arrogant und oberflächlich bleiben? Lieber solltet ihr euch vor Gott niederwerfen und ihm dienen. (53:59–62).* Oder in folgende Sure: *Unter den Menschen gibt es solche, die bloßes Gerede an die Stelle der Rechtleitung setzen, um unkundige Menschen vom Weg Gottes abkommen zu lassen und dann über sie zu spotten. Auf diese wartet eine schmachvolle Strafe. (31:6)*

Aber lassen sich daraus tatsächlich Rückschlüsse auf ein Musikverbot ziehen? Da müsste man den Text sehr weit auslegen. Nach wie vor gilt: Ein direktes Musik- oder Tanzverbot im Koran gibt es nicht. Und im Koran steht schließlich auch: *Sag: «Wem stünde es zu, die schönen Dinge zu verbieten, die Gott für seine Diener erschaffen hat, und seine köstlichen Nahrungsmittel?» Sag: «Sie stehen im Diesseits allen zu und sind im Jenseits nur für die Gläubigen bestimmt.» So erklären wir die Verse des Korans für die Menschen, die sich um Wissen bemühen. (7:32)*

Ein Verbot der Musik hat sich deshalb nicht durchgesetzt. Innerhalb der islamischen Gemeinschaften haben sich vielfältige Musikformen und -stile entwickelt, vom Gebetsruf und der Koranrezitation, die musikalische Elemente enthalten, über religiöse Musik und Volksmusik bis hin zur modernen Unterhaltungsmusik, und dies in allen gesellschaftlichen Gruppierungen und in nahezu allen Alltagssituationen.

Die Ablehnung von Musik hatte und hat häufig etwas mit der Ablehnung von Tanz zu tun, da es manche Muslime und Musliminnen als unsittlich betrachten, sich in der Öffentlichkeit rhythmisch zu bewegen. Auch hier hat sich das Verbot nicht aufrechterhalten lassen – zumindest solange Männer und Frauen getrennt voneinander tanzen.

Schon in der Frühzeit des Islams, im 7. und 8. Jahrhundert, gab es prominente Künstler, die mit ihrem lyrischen Stil später auch die Gesänge der Minnesänger im Mittelalter beeinflusst haben. Als in

Andalusien die muslimischen Mauren herrschten (vom 8. bis teilweise ins 15. Jahrhundert), war der Einfluss ihrer Musik auf Europa besonders stark. Auch viele Musikinstrumente wie Gitarre, Querflöte oder Schalmei haben ihren Ursprung im Orient. Eine besondere Rolle hierbei spielt die Nay-Flöte, das typische Instrument der islamischen Mystik und des Sufismus, so wie er in vielen asketischen Ordensgemeinschaften praktiziert wird.

Die Nay-Flöte begleitet unter anderem die «drehenden Derwische» bei deren Sama-Ritual (*samāʾ* bedeutet «Himmel»). Diese versuchen, durch die kreisenden Bewegungen einen ekstatischen Zustand zu erlangen, der sie, wie das Gebet, Gott und dem Himmel näher bringt. Der schwarze Umhang, den die Derwische zu Beginn der Zeremonie tragen, symbolisiert das Grab. Diesen legen sie nach der Segnung durch den Scheich ab und drehen sich dann in ihren langen schwingenden Gewändern zum Klang der Nay. Dabei zeigt die rechte Handfläche nach oben, um den Segen Gottes zu empfangen, den sie über die linke Handfläche, die nach unten zeigt, an die Welt weitergeben.

Die berühmteste Vertreterin der klassischen arabischen Musik im vergangenen Jahrhundert war die ägyptische Sängerin Umm Kulthum, die 1975 starb. In den letzten Jahrzehnten hat sich die islamische Popmusik immer mehr verbreitet. Sie verbindet die Melodien und Songs moderner Musik mit religiösen Inhalten. Muslimische Musiker wie Yusuf Islam (geboren als Steven Demetre Georgiou, genannt Cat Stevens) und Sami Yusuf (London) und Gruppen wie «Outlandish» (Dänemark) oder «Native Deen» (USA) haben es geschafft, den alten Konflikt zwischen Religion und Musik aufzulösen. Und sie haben eine riesige Fangemeinde auf der ganzen Welt.

Verbotene Bilder?

Der Koran enthält kein direktes Bilderverbot. Im Gegenteil, es werden darin sogar Szenen beschrieben, wie die Dschinn vom Propheten Suleiman (Salomon) angewiesen werden, Bildwerke für ihn herzustellen: *Und von den Dschinn machten wir Salomon einige dienstbar, die mit der Erlaubnis seines Herrn für ihn arbeiten mussten. Wer nicht gehorchte, dem drohten wir die Strafe des Feuers an. So machten die Dschinn für ihn, was er wollte: Paläste, Bildwerke und Schüsseln so groß wie Wasserbecken und feststehende Kochkessel. (34:12–13)*

Obwohl sich das Bilderverbot also nicht im Koran findet, ist es bis heute wirksam und wird von vielen eingehalten. Meist beruft man sich dabei auf Hadithe und Überlieferungen, die eine persönliche Abneigung des Propheten gegen bildliche Darstellungen schildern. Aber auch hier ist keine Bestrafung von Menschen herauslesbar, die Bilder herstellen oder betrachten.

Die seit Jahrhunderten und vielerorts geführten Diskussionen lassen sich in folgenden Positionen zusammenfassen:

- Auffassung 1: Grundsätzlich sind Darstellungen nicht verboten, wenn die Gegenstände nicht angebetet werden, denn dies ist allein Gott vorbehalten. Die bildliche Darstellung Gottes bleibt verboten, denn das «Wesen Gottes» und Gottes Attribute sind nicht erfassbar und können folglich auch nicht wiedergegeben werden. Dies ist in der Geschichte Ibrahims deutlich nachzulesen, der seinen Vater und dessen Anhänger wegen der Götzenanbetung kritisiert.
- Auffassung 2: Darstellungen von Gegenständen, die «Schatten werfen», also zum Beispiel Statuen, sind verboten. Abbildungen von diesen Gegenständen auf Papier, Wänden oder Textilien sind zwar nicht verboten, gelten aber als «verhasst» *(makrūh)*.
- Auffassung 3: Die Darstellung von Lebewesen, ob Mensch oder Tier, ist grundsätzlich verboten.

Alle diese Auffassungen werden mit Belegen aus den Hadithen untermauert, die sie auf Muhammad zurückführen. Die am häufigsten zitierte Überlieferung, um das Bilderverbot zu belegen, stammt von Buchārī:

Ibn ʿAbbās berichtete: «Ich hörte Muhammad – Gottes Segen und Friede auf ihm – sagen: ‹Wer immer in dieser Welt ein Bild macht, wird am Tage der Auferstehung aufgefordert werden, die Seele in das Bild einzuhauchen, und er wird keine Seele hineinhauchen können!›»

Diese Strafandrohung hat nachhaltig gewirkt und auch die islamische Kunst stark beeinflusst. Infolgedessen entwickelten sich die Kalligraphie, also die Kunst des Schönschreibens, und die Ornamentmalerei zu weit verbreiteten Kunstformen auf einem sehr hohen Niveau.

Trotzdem ließ sich das Bilderverbot nie ganz durchsetzen. Im Grunde sind arabische Künstler die «Erfinder» illustrierter Bücher. Im europäischen Mittelalter ist die islamische Buchkunst aufgegriffen und weiterentwickelt worden. Hier hat die islamische Kunst die europäische beeinflusst, und nicht umgekehrt.

Bildliche Darstellungen haben also in der islamischen Kunst eine lange Tradition. Berühmt sind vor allem alte osmanische und persische Miniaturen – im Persischen bedeutet Miniatur übrigens «kleine Sünde». Eine lange Geschichte hat auch die Darstellung von Herrschern auf Münzen, etwa unter dem Kalifen Muʿāuiyya I. (661–680). Der Prophet wurde meist, allerdings nicht immer, verschleiert und von himmlischen Flammen umkränzt dargestellt.

Im Jahre 2005 führten zwölf gezeichnete Abbildungen des Propheten in der dänischen Zeitung «Jyllands-Posten» zum sogenannten Karikaturenstreit mit zum Teil gewalttätigen Protesten und Gegenprotesten. Wieder machte das Schlagwort «Bilderverbot» weltweit die Runde. Die Krise hatte allerdings nicht nur etwas mit den islamischen Vorstellungen zum Bilderverbot zu tun, sondern es ging mehr um die herabwürdigende Darstellung von Muhammad. Hier könnte dann die übliche demokratische Gesetzgebung greifen, denn Beleidigung und üble Nachrede sind in den meisten Rechtsstaaten verboten, gleich, welche Religionsgemeinschaften betroffen sind.

9. Der Islam und die Anderen

Selbst denken und handeln. Logisch

Es herrscht häufig die Auffassung, der Islam habe keine Periode der Aufklärung wie die westlichen Staaten im 17. und 18. Jahrhundert gehabt und sich deshalb nicht im selben Maße weiterentwickelt. Vernunft, Erkenntnis, Naturwissenschaft, Freiheit, Toleranz – das waren Schlagwörter dieser europäischen Bewegung, die Immanuel Kant in diesem Satz auf den Punkt gebracht hat: «Aufklärung ist der Ausgang des Menschen aus seiner selbstverschuldeten Unmündigkeit.» Genau in diesem Sinne ist Aufklärung aber bereits im Koran enthalten, denn hier geht es darum, dass der Mensch lernen soll, sich vernünftig, mündig, respektvoll und tolerant zu verhalten. Und der Muslim soll seinen eigenen Glauben rational, also mit dem Verstand und logischem Denken, erfassen. Gerade das ist ein im Koran immer wieder vorgebrachtes Anliegen.

Stellvertretend steht hier Ibrahim, der seinen Glauben an Gott durch ein in der Logik bekanntes Verfahren, das Ausschlussverfahren, findet:

Als über ihn die Nacht gekommen war, sah er einen Stern. Er sagte: «Das ist mein Herr!» Als der Stern aber unterging, sagte er: «Ich liebe nichts, was untergeht.» Als er den Mond aufgehen sah, sagte er: «Das ist mein Herr!» Als der Mond unterging, sagte er: «Wenn mein Herr mich nicht rechtgeleitet, werde ich zu den Leuten gehören, die in die Irre gegangen sind.» Als er die Sonne aufgehen sah, sagte er: «Mein Herr ist das! Die Sonne ist größer.» Als sie unterging, sagte er: «Leute, ich habe keine Schuld daran, was ihr Gott beigesellt. Ich richte mein Gesicht dem zu, der Himmel und Erde erschaffen hat – das tue ich aufrichtig, und ich bin kein Ungläubiger.» (6:76–80)

Von Beginn an war der Islam auf eine innerreligiöse Diskussion angelegt, das zeigt sich schon in den zahlreichen theologischen Strömungen und in der Entstehung verschiedener Rechtsschulen in frühislamischer Zeit. Eine ausschließliche und damit unmündige Orientierung an religiösen Autoritäten ist nicht auf koranische Vorschriften zurückzuführen. Es gab vielmehr schon immer unterschiedliche Auslegungen, die jederzeit von anderen Gelehrten darauf überprüft werden konnten, ob sie ihnen logisch und nachvollziehbar erschienen. Die Aufklärung im europäischen Sinne war demnach keine Notwendigkeit, denn das kritische Hinterfragen war und ist eine Forderung, die aus dem Islam selbst kommt.

Nach koranischer Vorstellung gibt es kein Wahrheitsmonopol irgendeiner geistigen Strömung. Der absolute Wahrheitsanspruch liegt allein bei Gott. Demnach sind auch menschliche Erkenntnisse immer wieder veränderbar, und Anhänger einer bestimmten Richtung können sich jederzeit anders entscheiden, denn in der islamischen Tradition heißt es, dass es keinen Zusammenhalt in falschen Dingen gibt: «Zu uns gehört nicht, wer zu (falschem) Zusammenhalten aufruft, und zu uns gehört nicht, wer für (falsches) Zusammenhalten kämpft, und zu uns gehört nicht, wer um des (falschen) Zusammenhaltens willen stirbt.» (Abū Dāuūd)

Auf naturwissenschaftlichem Gebiet gab es kaum ein Thema, bei dem Glauben und wissenschaftliche Erkenntnis in Widerspruch zueinander treten – einer der großen Streitpunkte der europäischen Aufklärung (siehe S. 106), der sich im Islam sozusagen erübrigte.

Zu den wichtigsten Prinzipien der Aufklärung gehörte auch die Toleranz gegenüber anderen Religionen und Ideologien. Dazu gibt es im Koran eindeutige Stellungnahmen und Forderungen, die die Vielfalt im Glauben bestätigen. Eine zentrale Stelle ist Vers 5:48: *Für jeden von euch haben wir Richtlinien und einen Weg bestimmt. Wenn Gott gewollt hätte, hätte er euch zu einer einzigen Gemeinde gemacht. Er wollte euch in dem, was er euch gegeben hat, auf die Probe stellen. Darum sollt ihr euch um die guten Dinge bemühen. Zu Gott werdet ihr zurückkehren, und dann wird er euch wissen lassen, worüber ihr uneinig gewesen seid.*
Wie passt diese tolerante Offenheit zum missionarischen Eifer mancher Gläubigen?

Es gibt zwei Formen von Mission: Zum einen kann man Menschen aus der eigenen Religionsgemeinschaft missionieren. Das bedeutet, dass man einen Glaubensbruder oder eine Glaubensschwester in der eigenen Religion unterrichtet oder gar zu dieser zurückholt (wenn diese nicht mehr glauben). Zum anderen kann man aber auch Menschen missionieren, die überhaupt nicht an Gott glauben oder einer anderen Religion angehören.

Im Islam finden sich unterschiedliche Auffassungen darüber, ob Mission für Muslime verpflichtend ist oder nicht. Doch sind sie zumindest dazu aufgefordert, gut über ihren Glauben zu sprechen. Im Arabischen spricht man vom «Aufruf» oder von der «Einladung zum Islam» *(daʿwa)*. Damit ist nicht unbedingt gemeint, jemandem so lange vom Islam zu erzählen, bis sie oder er Muslimin oder Muslim wird. Es geht eher darum, den Glauben authentisch und aufrichtig gegenüber Anderen zu vertreten.

Allerdings wird diese «Einladung zum Islam» von manchen Muslimen auch so verstanden, dass man sich aktiv bemühen solle, andere vom Islam als der einzig wahren Religion zu überzeugen. Manche fühlen sich persönlich von Gott dazu berufen. Beide Formen stützen sich auf zwei Stellen im Koran:

Aus euch soll eine Gemeinschaft werden, die zum Guten aufruft: Das, was rechtens ist, gebietet, und das Unrechtmäßige verbietet! Die Menschen, die dazugehören, werden erfolgreich sein. (3:104)

Und weiter:

Wirb mit Weisheit und behutsamer Ermahnung für den Weg deines Herrn. Diskutiere klug, denn dein Herr weiß am besten, wer von seinem Weg abirrt und wer rechtgeleitet ist. (16:125)

Beide Koranverse fordern bei genauem Hinsehen jedoch nur dazu auf, den Islam mit Weisheit positiv zu vertreten – als Religion, die dazu aufruft, sich auf den Weg zum einzigen Gott zu begeben. Den übereifrigen Gläubigen, die meinen, andere bekehren zu müssen, erteilt der Koran eine klare Absage: *Sag: «Ihr, die ihr die Wahrheit verdeckt! Ich verehre nicht, was ihr verehrt. Und ihr verehrt nicht, was ich verehre. Nochmals: Ich verehre nicht, was ihr verehrt, und ihr verehrt nicht, was ich verehre. Ihr habt eure Religion, und ich habe meine Religion!» (109:1–6)*

Im letzten Vers wird deutlich gesagt, dass man als Muslim den Glauben Anderer respektieren muss, ohne Wenn und Aber. Dazu passt Sure 2, in der Gott die Muslime ermahnt, dass es keinen Zwang in Sachen Religion geben darf: *Es gibt keinen Zwang im Glauben. Der richtige Weg ist gegenüber dem unrichtigen klar erkennbar geworden. Wer nicht an Götzen, sondern an Gott glaubt, der hat den sichersten Halt, bei dem es kein Zerreißen gibt. Gott ist der Hörende und Wissende. (2:256)* Somit darf auch niemand gezwungen werden, den Islam anzunehmen oder ihn auf eine bestimmte Art und Weise zu leben.

Der Islam vertritt genauso wie andere Religionen bestimmte überzeitliche Werte wie Mitmenschlichkeit, Barmherzigkeit, Aufrichtigkeit oder Nächstenliebe, die man vermitteln sollte. In diesem Sinne kann man als gläubiger Mensch sehr wohl zum Glauben an Gott einladen. «Islam» bedeutet zunächst nichts anderes als «Hingabe an den einzigen Gott». Muslim ist jeder, der an diesen einzigen Gott glaubt. Wenn von Mission im Islam die Rede ist, so darf sie demzufolge nur so verstanden werden, dass man zu einer Art Urreligion mit universellen Werten aufrufen soll – Gläubige in diesem Sinne nennt der Koran «Rechtgläubige» *(hanīf)*.

Der Gesandte Ibrahim war einer dieser Rechtgläubigen. Woran er als Hanif geglaubt hat, beschreibt Sure 3: *Ihr Besitzer der Schrift, warum streitet ihr über Ibrahim, wo doch die Tora und das Evangelium erst nach ihm herabgeschickt worden sind? Denkt ihr denn nicht nach? Ihr habt bereits über etwas gestritten, worüber ihr Wissen habt? Wieso streitet ihr euch nun über etwas, worüber ihr kein Wissen habt? Gott allein weiß alles, und ihr wisst nichts. Ibrahim war weder Jude noch Christ, aber er war ein aufrichtig ergebener Gläubiger, kein Ungläubiger. (3:65–67)*

Dieses ursprüngliche Verständnis von Muslimsein ist leider bei vielen missionseifrigen Muslimen verloren gegangen.

Der Islam steht anderen Religionsgemeinschaften grundsätzlich tolerant und offen gegenüber, und als «Gläubige» werden nicht nur Muslime angesehen: *Die Gläubigen sind doch Geschwister. Stiftet also Frieden zwischen zwei Brüdern, die im Streit liegen, und respektiert Gott. Vielleicht werdet ihr dann ebenfalls barmherzig behandelt. (49:10)*

Andere Religionsgemeinschaften werden zunächst danach eingeteilt, ob sie vor oder nach dem Islam entstanden sind.

Älter als der Islam. Judentum und Christentum gelten als «Leute der Schrift» *(ahlu l-kitāb)*, als Gemeinschaften, die ebenfalls eine Offenbarung erhalten haben, die schriftlich festgehalten wurde. Nach islamischer Auffassung haben die Juden die Tora *(taurā)* durch den Propheten Musa (Mose) und die Psalmen *(zabūr)* durch den Propheten Davud (David) als Offenbarung erhalten, die Christen die Evangelien *(indschīl)*.

Der Koran nimmt ausdrücklich auf die anderen Offenbarungen Bezug. Die Anhänger dieser Religionen sollen sich an dem orientieren, was Gott ihnen offenbart hat, und diese «Herabsendungen» seien ernst zu nehmen: *Sag: «Ihr Juden und Christen, bevor ihr nicht die Tora und das Evangelium und das, was sonst noch von eurem Herrn zu euch herabgesandt wurde, befolgt, so lange habt ihr für eure Glaubensvorstellungen keine Grundlage.» (5:68)*

Gott beurteilt die Taten aller Menschen, gleich, welcher Religionsgemeinschaft sie angehören: *Diejenigen …, die an Gott und den Jüngsten Tag glauben und richtig handeln, die erhalten ihren Lohn von ihrem Herrn. Sie brauchen keine Angst zu haben, und sie werden nicht traurig sein. (2:62)*

Jünger als der Islam. Der Koran bestreitet jeglichen Führungsanspruch einer Religion: *Einige sagen: «Niemand wird ins Paradies eingehen außer denen, die Juden und Christen sind.» Das sind nur ihre eigenen Wünsche. Sag: «Bringt doch eure Beweise vor, wenn ihr die Wahrheit sagt!» (2:111)* Juden und Christen sollen nicht denken, sie seien im Besitz der alleinigen Wahrheit, weil ihre Offenbarungen älter sind. In diesem Sinne lässt sich dieser Vers auch weiterdenken. Respekt und

 Toleranz sind auch gegenüber den Religionen geboten, die nach dem Islam entstanden sind.

Im Umfeld des Islams gehören dazu vor allem die Aleviten, die Ahmadiyya-Muslim-Gemeinschaft und die Bahai. Oft betrachten Muslime diese Religionsgemeinschaften sehr kritisch, weil diese ihre Gründer oder Führer als Propheten verehren. Der Islam aber geht davon aus, dass Muhammad der letzte Prophet, das «Siegel der Propheten», war (siehe S. 66) und die Offenbarungen Gottes mit der Vollendung des Korans abgeschlossen sind: *Heute habe ich euch euer religiöses Gesetz vervollkommnet, meine Gnade an euch erfüllt und bestimmt, dass die Hingabe an mich eure Religion sein soll. (5:3)*

Hier muss der Begriff «Islam» im weiteren Sinn verstanden werden. Es geht um eine Verbindung zu Gott, die den Menschen «heil und in Ordnung sein» lässt. Das ist etwas, was niemandem abgesprochen werden darf. Außerdem sind die Gottes- und Heilsvorstellung jener Menschen «ihr Glaube» und haben damit die Toleranz verdient, die auch Muslime gegenüber ihrem eigenen Glauben von den Anderen fordern.

Aleviten. Hadschi Bektasch Wali, ein muslimischer Mystiker aus Chorasan, war der geistige Vater der Aleviten. Er hatte in der zweiten Hälfte des 13. Jahrhunderts großen Einfluss auf die Bevölkerung in Anatolien. Auch heute leben die Aleviten mehrheitlich in der Türkei. Ein Teil bezeichnet sich selbst als Muslime, als eine Untergruppe der Schiiten; ein anderer sieht sich als eine eigene Religionsgemeinschaft. In Deutschland sind sie bereits als solche anerkannt und haben ihren eigenen Religionsunterricht. Die Aleviten versammeln sich in sogenannten Cem-Häusern (türkisch *cem* = Versammlung) und haben ein eigenes Schriftverständnis. Sie stellen den Koran nicht in den Mittelpunkt ihres Denkens, sondern suchen die Bedeutung hinter der Offenbarung. Die Fünf Säulen des Islams (siehe S. 16) sind für sie nicht verbindlich.

Die Ahmadiyya wurde von Mirza Ghulam Ahmad gegen Ende des 19. Jahrhunderts in Indien gegründet. Sie beruft sich auf Koran und Sunna, aber auch auf das Schrifttum ihres Gründers. Sie versteht sich selbst als zum Islam gehörige Reformgemeinschaft. Ahmad wurde und wird von seinen Anhängern aber als ein dem Propheten Muhammad nachgeordneter Prophet verstanden, und dies widerspricht der islamischen Lehre, nach der Muhammad der letzte Prophet war. 1974 wurde die Ahmadiyya-Bewegung von der Islamischen Weltliga zu einer nichtmuslimischen Minderheit erklärt. Das bedeutet zum Beispiel, dass ihre Mitglieder nicht zur Pilgerreise nach Mekka in Saudi-Arabien einreisen dürfen.

Die Bahai-Religion gilt als eigenständige Religionsgemeinschaft, die sich auf die Schriften ihres Gründers Baha'ullah beruft. Das von ihm verfasste «Heiligste Buch» und das «Buch der Gewissheit» sowie zahlreiche mystische Schriften stellen für die Bahai eigene Offenbarungen dar.

Welche Schriften göttlich inspiriert sind und welche nicht, kann letztlich nur Gott entscheiden. Gott spricht im Koran immer wieder von den «Leuten der Schrift». Da dies zeitlos gemeint ist, kann niemand entscheiden, welche später verfassten Schriften dazugehören und welche nicht. Wesentlich ist, dass der Koran immer wieder betont, dass es bestimmte Grundsätze in allen Eingebungen und Herabsendungen gibt, nach denen sich alle Menschen richten sollen, sie ziehen sich wie ein roter Faden durch alle Offenbarungen: *Unter den Leuten der Schrift gibt es solche, die an Gott glauben und an das, was euch und was ihnen offenbart worden ist. Dabei sind sie demütig gegenüber Gott und verkaufen seine Zeichen nicht gegen einen geringen Preis. Jene haben ihren Lohn bei ihrem Herrn. Gott rechnet wirklich schnell ab. (3:199)*

Abkehr vom Islam

Wenn ein Muslim an den wesentlichen Glaubensinhalt – Es gibt keinen Gott außer Gott – nicht mehr glauben will, gilt er als «Abtrünniger» *(murtadd)*. Diesen Abfall vom Glauben (arabisch *ridda* oder *irtidād*) nennt man Apostasie. Man kann durch Taten oder auch durch Aussagen vom Islam abgefallen sein. An mehreren Stellen im Koran spricht Gott davon, was er mit den Abtrünnigen im Jenseits machen wird: *Wer aber nach einer anderen Religion als der Hingabe an mich strebt, dessen Ansinnen wird nicht erfüllt. Im Jenseits wird er zu den Verlierern gehören. (3:85) Wer ungläubig wird, nachdem er bereits geglaubt hat, und dann seinen Unglauben immer weiter steigert, dessen Reue wird nicht angenommen. Das sind nämlich die wirklich Irrenden. (3:90)*

Nach klassischer Lesart droht der ewige Aufenthalt in der Hölle. Eine diesseitige Strafe wegen Apostasie erwähnt der Koran nicht.

Allerdings darf nicht verschwiegen werden, dass der Prophet Muhammad die Todesstrafe für den Abfall vom Glauben ausgesprochen hat: «Wer seine Religion wechselt, den tötet.» (Buchārī, Abū Dāuūd und at-Tirmidhī). Diese Aussage ist unvereinbar mit dem Koran und lässt sich nur aus dem historischen Zusammenhang verstehen. Der Hadith bezieht sich auf eine Gruppe, die während einer Kriegssituation geschlossen aus dem Islam ausgetreten und damit auf die Gegenseite gewechselt war, und das galt in diesem Sonderfall als Hochverrat.

In einigen muslimischen Staaten wird diese Aussage Muhammads aber nicht nur auf diesen Einzelfall bezogen, sondern auch noch heute in die Tat umgesetzt. Beispielsweise im Sudan, wo ein extremes Verständnis der Scharia gilt: Apostaten werden öffentlich gesteinigt oder gehängt.

Wer heute vom Islam abfällt, wird in den meisten Ländern der islamischen Welt zwar nicht mit dem Tod bestraft, aber in der Regel gesellschaftlich geächtet. Andere Muslime fangen an, schlecht über die Aussteiger oder Konvertiten zu sprechen, und meiden sie. In einigen Ländern wird ihre Ehe automatisch aufgelöst, sie dürfen sich nicht mehr vor Gericht verteidigen und nicht mehr erben, ja gelten teilweise nicht mehr als Bürger ihres Staates. Doch Religion sollte die persönliche Angelegenheit eines jeden Menschen sein. Religionsfreiheit ist mit dem Islam vereinbar, und daher darf es nicht mehr dazu kommen, dass Menschen, die ihre Religion wechseln oder ganz ablegen wollen, bedroht oder bestraft werden.

Friede sei mit euch!

Warum ist der Aspekt von Respekt und Toleranz im Islam heute so wichtig wie nie? Häufig wird behauptet, der Islam sei eine intolerante Religion, weil im Namen des Islams Kämpfe geführt werden, weil sich Muslime im Namen des

Islams auf offener Straße in die Luft sprengen oder weil im Namen des Islams Frauen von ihren Ehemännern unterdrückt werden. Tatsächlich wird der Islam immer wieder – vor allem von Männern – «benutzt», wenn offenkundiges Unrecht begangen wird. Dieses Unrecht soll dann über die Religion vertuscht und in eine zulässige oder sogar «gerechte» Handlung verkehrt werden.

Die Toleranz gegenüber anderen Gläubigen ist im Koran verankert, wie wir gesehen haben. So ist es einem Muslim verboten, jemand anderen leichtfertig als «ungläubig» zu bezeichnen: *Ihr Gläubigen, wenn ihr auf dem Weg Gottes wandert, sammelt erst einmal genug Wissen, und sagt zu keinem, der euch friedlich grüßt: «Du bist kein Glaubender.» (4:94)* Dieser Koranvers bezog sich zwar zunächst auf muslimische Mitmenschen, das heißt, es war und ist verboten, einem anderen Muslim seinen Glauben abzusprechen. Doch er hat auch Konsequenzen im Umgang mit Andersgläubigen. Er fordert dazu auf, den Mitmenschen ausgewogen zu beurteilen; üble Nachrede oder gar Verleumdungen sind verboten.

Allerdings gibt es Stellen im Koran, die zum Töten oder zum Kampf gegen Menschen aufrufen, die mehrere Gottheiten anbeten, also Gott nicht als den einzigen Gott anerkennen: *Bekämpft sie, bis die Verführung zum Abfall vom Glauben aufhört und allein Gott verehrt wird. Wenn sie jedoch von ihrem Treiben gegen die Gläubigen ablassen, darf es keine Angriffe mehr geben, außer gegen die Ungerechten. (2:193)* Viele Kritiker werfen Muslimen deshalb vor, einen Propheten zum Vorbild zu haben, der gleichzeitig «religiöser Führer» und «Staatsmann» war, also eben auch Kämpfe führte. Er habe demnach unmöglich ein echter Prophet sein können, da ja Propheten überall nur Liebe und Frieden predigen würden.

Doch muss bei jeder Koraninterpretation immer wieder die damalige Situation betrachtet werden. Vers 2:193 und ähnliche Verse wurden offenbart, als sich der Prophet Muhammad in einer kriegerischen Auseinandersetzung mit Stämmen befand, die sich zunächst zum Islam bekannt, dann aber wieder gegen ihn gewandt hatten. Sie begingen also im heutigen Sinne Hochverrat. Nur so lässt sich erklären, warum im Koran solche gewaltbereiten Verse stehen. Denn Frieden ist ein hohes Gut, nach dem sich alle Menschen sehnen. Alle Religionen und Philosophien sind als eine Aufforderung zum Frieden zwischen den Menschen, aber auch und vor allem zum Frieden mit sich selbst zu verstehen.

Frieden heißt auf Arabisch *salām*. Die beiden Begriffe *islām* und *salām* leiten sich von der gleichen Wurzel *s-l-m* ab. Islam heißt allerdings nicht «Frieden machen», sondern «Hingabe an Gott». Die drei Konsonanten *s-l-m* werden im Koran mehr als hundertmal verwendet. Allein das Wort *salām* kommt im Koran zweiundvierzigmal vor. Im Arabischen findet der Begriff *salām* vor allem in drei Zusammenhängen Verwendung: erstens als Begrüßungsformel, zweitens als Lobpreisungen der Propheten und Gesandten und drittens als wortwörtliche Bedeutung «Frieden» (so im Koran elfmal). Der Begriff *salām* bezeichnet auch einen der 99 schönsten Namen Gottes, der in Sure 59 enthalten ist: «der Inbegriff des Friedens».

Frieden zu verbreiten ist ein Hauptanliegen im Islam. Allerdings bedeutet «Frieden» nach klassisch-islamischer Auslegung zunächst, dass Andersgläubige unter islamischer Herrschaft und damit nach islamischen Regeln zu leben hatten. Rechtsgelehrte teilten die Welt auf in ein «Haus des Islams» – all jene Herrschaftsgebiete, in denen der Scharia bereits Geltung verschafft wurde und somit Frieden herrschte – und in den Rest, das «Haus des Krieges». Auch wenn es zur Zeit des Propheten und in den Jahrhunderten danach darum ging, vor allem Frieden unter den Muslimen zu stiften, so muss dies heute für den Frieden unter allen Menschen gelten. Es muss für jeden Gläubigen klar sein, dass der Koran heute keinen Gläubigen aufruft, Frieden durch den Einsatz von Gewalt zu erreichen.

Früh begannen Muslime, untereinander einen bestimmten Gruß auszutauschen, den Friedensgruß:

As-salāmu ʿalaykum (wa-rahmatu llāhi wa-barakātuhu)!

«Friede sei mit euch (sowie die Barmherzigkeit und der Segen Gottes)!»

In Dutzenden von Hadithen fordert Muhammad dazu auf, den Friedensgruß zu verwenden. Für Frieden aktiv einzutreten soll einem Gläubigen die Tore des Paradieses öffnen: Abū Huraira überliefert (nach Muslim), dass der Gesandte Gottes sagte: «Bei Gott, in dessen Händen meine Seele ist, ihr werdet nicht ins Paradies kommen, wenn ihr nicht glaubt (an den Islam), und ihr werdet nicht glauben, solange ihr euch nicht gegenseitig liebt. Darf ich euch erzählen, wie ihr euch gegenseitig liebt? Verbreitet Frieden und Grüße unter den Menschen!»

10. Der Islam und die Politik

Mitmachen statt zugucken

Oft wird dem Islam unterstellt, dass er mit der Demokratie nicht vereinbar ist. Dazu werden meistens bestimmte strafrechtliche Maßnahmen aus sogenannten islamischen Ländern zitiert oder die viel benutzten Verse über Frauen als Beweis angeführt, der Islam sei frauenfeindlich, barbarisch und undemokratisch. Dabei werden einerseits vielfach die Realitäten in muslimischen Gesellschaften mit dem Islam gleichgesetzt, andererseits werden zwei unterschiedliche Systeme verglichen, nämlich die Demokratie als Staatsform und der Islam als Religion.

Tatsächlich glauben viele Muslime, dass es ein Ziel der Glaubensgemeinschaft ist, einen Staat zu errichten, in dem nur religiöse Gesetze herrschen, also einen «Gottesstaat», auch Theokratie genannt. Dabei geht es doch vielmehr darum, bestimmte Grundwerte des Islams (siehe S. 118) umzusetzen, ob man dies nun als «göttlichen Geist» bezeichnet oder nicht. Es ist nicht entscheidend, ob zum Beispiel zur Wahrung der Menschenrechte religiöse oder einfach humanistische Gründe die Basis sind. Für Muslime ist es natürlich wichtig, dass Grundrechte und alle Regeln für den Umgang miteinander (Ethik) in einer Gesellschaft auch in Übereinstimmung mit dem Koran stehen.

In der Tat lassen sich die Menschenrechte aus dem Koran und den islamischen Traditionen ableiten. Das gilt auch für die Vorstellung von Demokratie, was ja so viel bedeutet wie Herrschaft des Volkes. Immer wieder ruft, wie wir gezeigt haben, der Koran zum Mitdenken auf. Beispiele dafür, dass der Islam selbst demokratische Institutionen und Regeln fordert, sind das «Schuraprinzip» sowie der Grundsatz, dass die Gemeinde ihren Leiter oder ihre Leiterin selbst bestimmt *(mubāyaʿa).*

126 **Das Schuraprinzip.** Schura bedeutet «gegenseitige Beratung». Gelobt werden im Koran *die, die auf ihren Herrn hören und das Gebet verrichten und deren Handlungsweise eine Angelegenheit gegenseitiger Beratung ist und die von dem spenden, was wir ihnen gegeben haben. (42:38)*

Bei der Beratung geht es darum, einen «gemeinsamen Nenner» zu finden, bei dem sich niemand ganz benachteiligt fühlt. Das ist schwierig, sodass oft eine einzige Person oder eine bestimmte Gruppe versucht, die Entscheidungsgewalt zu übernehmen. Das aber wäre diktatorisch. Nach dem Schuraprinzip in einer Gruppe oder Gemeinschaft zu handeln bleibt schwierig und ist eine echte Herausforderung.

Dieses Prinzip wird auf viele Bereiche angewandt, vom Privaten bis zu staatlichen Institutionen. Im familiären Bereich etwa bemüht man sich um Schura, wenn es darum geht, wie lange ein Kind von der Mutter versorgt werden soll:

Von niemandem wird mehr verlangt, als er leisten kann. Weder soll eine Mutter wegen ihres Kindes Schaden nehmen, noch soll es ein Vater. Für den Erben des Vaters gilt diese Verpflichtung ebenso. Und wenn Eltern nach Beratung und in gegenseitigem Einvernehmen entscheiden sollten, dass ein Kind bei einer Scheidung vorzeitig von der Mutter getrennt werden soll, so ist es keine Sünde für die beiden. (2:233)

Das Schuraprinzip wird nicht nur in der Familie und in der Gemeinde, sondern auch in der Politik angewandt. Es verlangt nach Menschen, die konsultiert werden sollten *(madschālis asch-schūra)*, die also die Funktion von Parlamenten oder parlamentarischen Räten haben. Zur Schura gehören folgende Voraussetzungen:

- Alle Gruppierungen werden beteiligt, und zwar ohne Ansehen des Geschlechts, der Hautfarbe oder der ethnischen Zugehörigkeit. Das bedeutet auch, dass Frauen in paritätischer Weise in einer Schura vertreten sein sollten.
- Alle, die an der Beratung teilnehmen, können ihre Meinung frei und unbefangen äußern, ohne auf den eigenen Vorteil zu achten, aber auch ohne Nachteile befürchten zu müssen.
- Alle Argumente müssen gehört werden. Wer versucht, die Entscheidung zu manipulieren, muss zur Ordnung gerufen werden.

Gruppen, die lernen, Entscheidungen kompromissbereit und gemeinsam zu treffen, sind viel eher motiviert, diese in die Tat umzusetzen. Wenn eine Entscheidung gefällt wurde, soll niemand das Gefühl haben, gewonnen oder verloren zu haben, beides wäre ein Verlust: *Die Menschen sind wirklich in einem Zustand des Verlusts, außer denen, die glauben und Gutes tun und sich vornehmen, die Wahrheit zu sagen und Geduld zu haben. (103:2–3)*

Diese Vorstellungen sind ein islamischer Beitrag zu demokratischen Prinzipien. Ihre Verwirklichung setzt selbständige und verantwortliche Menschen voraus. Man kann dies als intellektuelle Anstrengung (Idschtihad, siehe S. 55) betrachten, weil es auch hier darum geht, den Koran richtig und zeitgemäß auszulegen. Umgekehrt kann auch bei der Koranauslegung selbst das Schuraprinzip wirksam werden: Eine Deutung ist immer nur so lange verbindlich, wie sie von einer Gemeinschaft anerkannt wird. Einigt sich eine Gruppe auf eine andere Auslegung, dann ist diese wiederum als Grundlage gültig, bis eine weitere Abänderung erfolgt. So verändert sich die Auslegung immer wieder.

Dschihad: Märtyrer und Heiliger Krieg?

Für die meisten Menschen ist der Dschihad der «Heilige Krieg» gegen Ungläubige im Namen des Islams. Der Dschihad ist ein Spielball islamistischer Extremisten geworden. Überall auf der Welt gibt es Gruppierungen, die sich ihn auf die Fahne geschrieben haben. Der bekannteste Zusammenschluss von Dschihadisten ist das Terrornetzwerk al-Qaida. Groben Schätzungen zufolge hat es weltweit mehrere tausend Anhänger. Im Vergleich zu den 1,5 Milliarden Muslimen auf der Welt bleibt dies eine verschwindend geringe Zahl. Die meisten Dschihad-Kämpfer sind in den Krisenregionen Irak, Afghanistan, Pakistan, Jemen und Somalia zu finden. Ihrer Ideologie sind in den vergangenen zwanzig Jahren weltweit Zehntausende Menschen zum Opfer gefallen. Die meisten davon waren selbst Muslime, denn die Extremisten sprechen vielen Muslimen die richtige Gläubigkeit ab und betrachten sie als zulässige Angriffsziele.

Dschihadisten verweisen stets auf eine klassische Auslegung, um ihr Verhalten vor anderen Muslimen zu rechtfertigen. Bei Nichtmuslimen verstärken sie damit den Eindruck, der Islam an sich sei eine gewalttätige Religion. Die modernen Dschihadisten haben jedoch mit der traditionellen Lehre nicht viel zu tun, ihr Handeln wird von politischen Erwägungen bestimmt. Terroranschläge sind mit dem Dschihad-Gedanken keineswegs zu rechtfertigen. Wenn man gegen eine Ungerechtigkeit oder einen unmenschlichen Zustand kämpfen will, muss der legale Weg beschritten werden. Anschläge wie die vom 11. September 2001 in New York und Washington oder die vom 11. März 2004 in Madrid treffen niemanden, der für irgendein Unrecht verantwortlich ist, sondern zahllose unschuldige Menschen. Das menschliche Leben bleibt aber unantastbar, und ohne ordentliches Gerichtsverfahren darf niemand verurteilt und bestraft werden.

Der große und der kleine Dschihad. Zur Zeit der Koranoffenbarung spielte der Kampf für die junge islamische Gemeinde eine große Rolle. Sie musste sich Angriffen von innen und außen erwehren, um ihr Überleben zu sichern. So ist es verständlich, dass sich im Koran und in den Hadithen viele Verse und Aussagen mit Krieg und Gewalt beschäftigen. Später spielte dies eine immer geringere

Bedeutung im Bewusstsein der Muslime. Die extremen Positionen zum Dschihad entstanden vor allem in den Grenzregionen der islamischen Welt und zu Zeiten bewaffneter Auseinandersetzungen etwa mit den Kreuzrittern.

Bezeichnenderweise wurde es für gemäßigte Muslime typisch, den bewaffneten Kampf als «kleinen Dschihad» zu bezeichnen und vom «großen Dschihad» zu sprechen, wenn es um den Kampf gegen die eigenen Schwächen und negativen Neigungen geht. Diese Auffassung stützt sich zum einen auf die Grundbedeutung des Wortes «Dschihad» (mit derselben Wurzel wie Idschtihad, siehe S. 55), die sich mit «Anstrengung, Bemühung, Engagement» wiedergeben lässt, zum anderen auf Aussprüche des Propheten Muhammad. Laut einem bekannten Hadith sagte er bei der Rückkehr aus einer Schlacht: «Wir kommen aus dem kleinen und ziehen in den großen Dschihad.»

Dschihad als Pflicht. Es stimmt, das islamische Recht kennt den bewaffneten Kampf gegen Nichtmuslime. Zahlreiche Koranverse befassen sich damit.

Sure 2:216 besagt: *Es ist euch vorgeschrieben zu kämpfen, auch wenn es euch zuwider ist.* Und in Sure 8:39 heißt es: *Und kämpft gegen sie, bis es keine Verfolgung mehr gibt und der Glaube an Gott vorherrscht.* Ein weiteres Beispiel ist Sure 9:29: *Kämpft so lange gegen jene, die trotz Offenbarung nicht an Gott und den Jüngsten Tag glauben und die nicht verbieten, was Gott und sein Gesandter verboten haben, und die nicht dem wahren religiösen Gesetz folgen, bis sie bereitwillig die Freistellungssteuer für Nichtmuslime entrichten.*

Der Prophet Muhammad führte kriegerische Feldzüge, um seiner jungen Gemeinde Schutz und eine Lebensgrundlage zu bieten. Wie aus den Koranversen hervorgeht, kennt der Islam den Dschihad nicht nur im Sinne eines Verteidigungskriegs, sondern auch als Angriffskrieg. Die Übersetzung «Heiliger Krieg» ist allerdings falsch, da Krieg im islamischen Verständnis nicht heilig sein kann. Als «Heiliger Krieg» wurden vielmehr ursprünglich die christlichen Kreuzzüge bezeichnet.

Nach Auffassung angesehener Persönlichkeiten wie des malikitischen Koran- und Rechtsgelehrten Ibn Dschuzayy aus dem 14. Jahrhundert musste die muslimische Gemeinschaft den Dschihad aktiv führen, um den Glauben über die ganze Welt zu verbreiten, und passiv, um die militärische Eroberung islamischer Gebiete durch Nichtmuslime zu verhindern. In diesem Sinn galt ihnen der Dschihad als Pflicht. Wurde ein Verteidigungsfall festgestellt, musste jeder männliche Muslim, der fähig und berechtigt war zu kämpfen, zu den Waffen greifen. Ausgenommen waren in der Regel Kinder, Alte, Frauen, Kranke oder Schwache. Manche Strenggläubige sahen im Dschihad sogar die sechste Säule des Islams.

Bei der Ausführung eines Dschihad waren die Muslime an strenge Gebote gebunden. Ibn Dschuzayy zählt sieben Dinge auf, die die Kämpfer zu beachten hatten:

1. Es dürfen nur bestimmte Personen bekämpft werden (zum Beispiel keine Frauen, Kinder, Greise und so weiter).
2. Vor einem Angriff muss ein Aufruf erfolgen, den Islam anzunehmen.
3. Muslime dürfen im Kampf nicht jeden um Hilfe bitten.
4. Sie dürfen nicht mit jedem ins Land des Feindes ausrücken und auch nicht alles dorthin mitführen.
5. Es gibt erlaubte und verbotene Methoden des Kampfes.
6. Es ist geregelt, wann man fliehen darf.
7. Eine bestimmte Einstellung zum Kampf ist erforderlich.

Die Ausführung dieser Grundsätze ist bis ins kleinste Detail geregelt. Wer alle Vorgaben korrekt einhielt, dem wurde Gottes Lohn versprochen.

Die Beteiligung an einem Dschihad ist aus theologischer Sicht vergleichbar mit dem Mönchsdienst (schon der Prophet Muhammad soll diesen Vergleich gezogen haben). Man tut es in erster Linie für Gott, und wenn man dabei der Gemeinschaft hilft, ist das zusätzlich verdienstvoll. So heißt es als Umschreibung für den Dschihad auch immer formelhaft, sich «auf den Weg Gottes» *(fī sabīl llāh)* zu begeben. Wer in einem aufrichtigen Kampf für die Sache Gottes den Tod fand, zog als Märtyrer direkt ins Paradies ein.

Tatsächlich haben islamische Herrscher den Dschihad immer auch für profane politische Ziele benutzt und dabei die oben genannten Regeln missachtet. So diente er beispielsweise dazu, das Territorium zu vergrößern oder die Steuereinnahmen zu verbessern, indem Christen, Juden und Andere unterworfen und tributpflichtig gemacht wurden.

Märtyrer. Das Märtyrerbild im Islam wurde grundlegend durch Ali, den Schwiegersohn Muhammads und vierten Kalifen, sowie seinen Sohn Hussein geprägt. Beide wurden von ihren Gegnern ermordet. Während das Martyrium dadurch ganz wesentlich für den schiitischen Islam (siehe S. 77) wurde, spielte es in der Geschichte der Sunniten eine eher nebensächliche Rolle. Erst in den letzten zwanzig Jahren, mit dem verstärkten Aufkommen islamistischer Extremisten auch unter Sunniten, hat der Märtyrer, oft in Gestalt des Selbstmordattentäters, eine bis dahin unbekannte Beachtung erfahren.

Zum gewaltsamen Tod im Dienst der Religion heißt es in Sure 3:169: *Denke nicht, dass Menschen, die auf dem Weg Gottes getötet worden sind, tot sind! Nein, sie leben und ihnen werden herrliche Gaben bei ihrem Herrn zuteil.* Und Sure 47:4–6 sagt: *Er wird die Werke der Gläubigen, die auf dem Weg Gottes getötet werden, anerkennen. Er wird ihnen zum Sieg verhelfen und ihren Rang verbessern und sie in das Paradies einlassen, das er ihnen zu erkennen gegeben hat.*

Der gebräuchliche arabische Begriff für Märtyrer ist *schahīd.* Er kommt im Koran vielfach vor und bezeichnet, wie das aus dem Griechischen stammende Wort «Märtyrer», vor allem jemanden, der Zeugnis ablegt.

Der Lohn des Märtyrers ist in den islamischen Überlieferungen blumig geschildert worden. So werden ihm alle Sünden vergeben und die Grabesstrafen erlassen, also die Befragung durch die Todesengel und das damit verbundene Unwohlsein in der Enge des Grabes, er wird, nach traditioneller Vorstellung, mit zweiundsiebzig Paradiesjungfrauen zusammen sein, und Gott nimmt seine Fürsprache für bis zu siebzig Angehörige an. Die herausragende Stellung des Märtyrers wird bereits im Diesseits deutlich. Viele Gelehrte sind sich einig, dass die sonst im Falle eines Todes vorgeschriebene Waschung des Leichnams, das Totengebet und die Bestattung in Leichentüchern bei ihm entfallen können.

Kennzeichnend für die islamische Vorstellung vom Märtyrer ist meist sein aktives Handeln. Hierin liegt auch der größte Unterschied etwa zum Christentum, wo der Märtyrer vorwiegend passiv erduldet. Im Islam kann sich ein Gläubiger selbst «auf den Weg Gottes» begeben, um auf diesem den Tod als Märtyrer zu finden. Dazu musste er traditionell an einem offiziellen Dschihad teilnehmen, denn einen Märtyrertod konnte man nur auf dem Schlachtfeld durch die Hand eines nichtmuslimischen Feindes sterben.

Die Gelehrten im Islam wie auch im Christentum machten sich schon früh Gedanken darüber, ob das Streben nach einem Martyrium nicht nahe am Selbstmord ist. Der ist nach klassischer Auslegung in beiden Religionen verboten. So wurde die Absicht des Kämpfers in den Vordergrund gestellt: Er durfte sich den Tod nicht herbeisehnen. Schon der Wunsch, mit dem Feind zusammenzutreffen, war nicht erlaubt. Die Vorstellungen vom Märtyrertum im Islam und im Christentum sind vor dem Hintergrund der unterschiedlichen Geschichte beider Religionen zu sehen. Die ersten Christen lebten im Römischen Reich in einer feindlichen Umgebung, in der sie Verfolgungen ausgesetzt waren. Im Islam dagegen waren die Anfänge von erfolgreichen Eroberungsfeldzügen und der Herrschaft über riesige Gebiete bestimmt. Märtyrer spielten eine wichtige Rolle: Mit ihrer Opferbereitschaft bewirkten sie, dass die neue Religion im Volk breitere Unterstützung fand, sie trugen zur Identitätsbildung bei, zur Bindung an die Religion, und sie stärkten die Moral von Verfolgten und Kämpfern.

Mit dem Ausklingen der islamischen Eroberungswelle im 8. Jahrhundert sank die Zahl der Märtyrer rapide. Im Laufe der Zeit wurde der Begriff Märtyrer auf viele andere Personen ausgedehnt. So wurden Opfer von Epidemien und Unfällen, verstorbene Wöchnerinnen, Gläubige, die während der Pilgerfahrt oder der Suche nach Wissen starben, zu Märtyrern erklärt. Sufis erzählten von Märtyrern der Liebe. Sie blieben bis zum Tod keusch oder hielten ihre Liebe geheim. Es gibt aber auch lebende Märtyrer: Menschen, die den «großen Dschihad» geführt und erfolgreich beendet haben.

Dschihad heute. Die Koranverse mit kriegerischem Inhalt wie die anfangs zitierten beziehen sich auf den Beginn der jungen muslimischen Gemeinschaft im 7. Jahrhundert. Trotzdem werden von islamistischen Extremisten auf der einen Seite und von sogenannten Islamkritikern auf der anderen Seite diese Verse immer wieder aus dem Zusammenhang gerissen und verzerrt: Besonders beliebt ist bei ihnen der «Schwertvers» 9:5: *dann bekämpft die Götzendiener, wo immer ihr sie findet, ergreift sie, belagert sie und behaltet sie überall im Auge.* Diese Worte werden von den «Kritikern» gerne zum höchsten Leitmotiv der Muslime erklärt. Mehr als hundert Koranverse, die zum respektvollen Umgang mit Nichtmuslimen aufrufen, werden beiseitegeschoben. Die ganze Komplexität des islamischen Rechts wird ignoriert. Hier ist die Grenze zur Islamfeindlichkeit überschritten.

Lässt sich das klassische islamische Recht heute überhaupt noch auf den Dschihad anwenden? Die Zeiten des Korans und des Ibn Dschuzayy sind lange vorbei. Inzwischen wurden internationale Verträge geschlossen, die Landesgrenzen festlegen und Streitfälle zwischen Staaten zu regeln versuchen. Moralische und ethische Prinzipien haben sich weltweit gewandelt. Kriege und Feldzüge werden nicht mehr als unvermeidbare Normalität betrachtet, sondern als schreckliche Ausnahmen. All diesen Veränderungen können die alten islamischen Texte nicht gerecht werden, also nicht, wenn man sie wortwörtlich in die Gegenwart überträgt.

Ein Beispiel zum Schluss: Nach Ibn Qudāma, einem der führenden hanbalitischen Rechtsgelehrten des 13. Jahrhunderts, steht das Recht, einen Dschihad auszurufen, allein dem rechtmäßigen religiösen Führer zu: «Der Befehl zum Dschihad ist dem Kalifen in seinem redlichen Bemühen anvertraut, Gottes Willen bei der Entscheidung ermittelt zu haben.» Spätestens seit dem Ende des Osmanischen Reichs gibt es aber keinen Kalifen mehr. Wem steht also nunmehr das Recht zu? Steht es überhaupt noch jemandem zu? Dschihadisten wie Osama Bin Laden haben sich um solche Fragen nie geschert. Sie nahmen das Recht einfach für sich in Anspruch.

Islamischer Fundamentalismus und Islamismus sind zwei Begriffe, die man voneinander trennen muss. Sie werden aber häufig in einen Topf geworfen.

Fundamentalismus. Für religiöse Fundamentalisten, wie es sie in allen Religionen und religiösen Gemeinschaften gibt, steht die Religion über allen anderen Dingen im Leben. Jede Handlung wird ausschließlich in Verantwortung vor Gott ausgeführt. Man bemüht sich, Gebote und Verbote bis ins kleinste Detail exakt zu befolgen. Der Islam wird hierbei fast ausschließlich auf Pflichterfüllungen reduziert. Spiritualität und Rationalität nehmen kaum Raum ein. Theologische und philosophische Überlegungen spielen nur insofern eine Rolle, als sie zur Abwehr anderer Auffassungen dienlich sind. In seiner religiösen Praxis ist der Fundamentalist davon überzeugt, sich nur am Koran und an den Hadithen zu orientieren und den Islam in seiner ursprünglichen Form zu leben. Das heißt, so unverfälscht und rein, wie er zur Zeit des Propheten durch diesen selbst und seine Gefährten gelebt wurde. Veränderungen, Erfindungen und wissenschaftlicher Fortschritt sind für Fundamentalisten abschreckend. Viele Neuerungen lehnen sie ab, soweit dies im modernen Leben möglich ist. Das persönliche Islamverständnis wird bewusst nach außen gezeigt, vor allem durch die Kleidung. Der Fundamentalist hält an seinem geschlossenen Weltbild fest. Seine Meinung ist unveränderbar. Kritik und Anregungen von außen nimmt er nicht an. Andere Auffassungen vom Islam betrachtet er als falsch. Eingang ins Paradies finden aus seiner Sicht nur Muslime, und zwar die, die den Islam so leben wie er.

Der Fundamentalismus ist vor allem eine persönliche Lebenseinstellung. Jeder Muslim, auch in Deutschland, ist frei, diese Haltung einzunehmen, solange er dabei andere Menschen nicht in ihrer freien Entfaltung beeinträchtigt und solange er sich an die staatlichen Gesetze hält.

Islamismus. Beim Islamismus geht es darum, persönliche Vorstellungen vom Islam zur Grundlage einer Gesellschaftsordnung zu machen, nach der sich alle Menschen richten müssen. Der Islamismus ist eine moderne Ideologie. Er verbindet Religion und Politik, genauer: Er macht die Religion zur moralischen

Richtschnur der Politik. Das lässt sich in unterschiedlichen Ausprägungen beobachten. Das Spektrum reicht von demokratischen Parteien und Gruppierungen mit islamischer Ausprägung bis hin zu Vereinigungen von Extremisten, die auf eine neue Staatsform abzielen. Meistens liegt islamistischen Bestrebungen ein konservatives bis fundamentalistisches Religionsverständnis zugrunde.

Islamismus wird oft mit der Anwendung oder Befürwortung von Gewalt gleichgesetzt. Dies trifft aber nicht unbedingt zu, denn auch Extremisten können sich friedlicher Mittel bedienen. Die aus einer Muslimbruderschaft hervorgegangen Organisation «Hizb ut-tahrir» lehnt nach Aussagen ihrer Mitglieder Gewalt zum Erreichen ihrer Ziele ab. Sie setzen auf politische Agitation und persönliche Überzeugung. Allerdings ist es ihr erklärtes Ziel, Demokratien und andere Staatsformen zu überwinden, um einen islamischen Gottesstaat nach Vorbild des Kalifats auf dem gesamten Planeten zu errichten. Die Organisation wurde 2003 in Deutschland verboten.

Aber es gibt auch eindeutig gewaltbereite Islamisten, die zum Erreichen ihrer Ziele terroristische Mittel einsetzen. Sie beherrschen das Bild vom Islamismus in den Medien. Die bekanntesten Gruppierungen sind das internationale Terrornetzwerk al-Qaida oder die Palästinenserorganisation Hamas. Manche sprechen bei dieser Form des gewalttätigen Islamismus auch von Dschihadismus.

Extremisten in Deutschland. Es lässt sich nur schwer feststellen, wie verbreitet der islamische Fundamentalismus in Deutschland ist. Welche Fragen muss man stellen, um beurteilen zu können, ob und wie stark jemand tatsächlich fundamentalistisch eingestellt ist? Dazu gibt es nur wenige Untersuchungen. Eine Studie im Auftrag des Bundesinnenministeriums aus dem Jahr 2007 kommt zu dem Ergebnis, dass 6,1 Prozent der Muslime in Deutschland eine sehr ausgeprägte fundamentalistische Orientierung haben.

Ähnliches gilt für den Islamismus. Das Bundesamt für Verfassungsschutz beobachtet nur die extremistischen Strömungen. Ende 2009 zählte es hier – wie im Vorjahr – 29 islamistische Organisationen. Die Zahl der Einzelpersonen wird mit 36 270 Personen angegeben (zum Vergleich: Rechtsextremisten: 195 Organisationen, 26 600 Personen; Linksextremisten: 31 600 Personen). Die Zahl der Islamisten ist in den vergangenen Jahren kontinuierlich gestiegen. Es gibt aber unterschiedliche Auffassungen darüber, wer diesem Milieu zuzurechnen ist. Sehr umstritten ist beispielsweise, dass der Verfassungsschutz die Mitglieder eines der größten islamischen Vereine, der Islamischen Gemeinschaft Milli Görüş (siehe S. 142), darunter fasst. Wissenschaftler wie der Ethnologe Werner Schiffauer kritisieren diese Verallgemeinerung als unzutreffend, zumal sich ihre ideologischen Vorstellungen nicht gravierend von denen anderer Gruppierungen unterscheiden.

Im Radikalisierungsprozess von Sunniten hat in jüngster Zeit insbesondere die salafistische Bewegung Bedeutung erlangt. Deren Anhänger sehen sich als die «wahren» Muslime, die angeblich den echten Islam repräsentieren. Darauf weist auch der Name hin, der sie als Nachfolger der «ehrwürdigen Altvorderen» *(as-salaf as-salihīn)*, der ersten drei Generationen des Islams, ausweisen soll. In ihren Sichtweisen sind die Salafisten rigide und kompromisslos. Sie werden verstärkt aus Saudi-Arabien unterstützt und vom dort herrschenden Islamverständnis beeinflusst. Dennoch erfahren sie zunehmend Zuspruch. Schätzungen gehen von rund 4000 Anhängern (Stand 2010) in Deutschland aus. Ihre Anziehungskraft erhalten sie auch dadurch, dass die Bewegung von jüngeren Predigern getragen wird. Vor allem ist hier ein Konvertit zu nennen, der 1978 geborene Pierre Vogel, ein ehemaliger Boxer, der in langem Gewand, mit rasiertem Oberlippenbart und Häkelmütze auftritt. Insbesondere über das Internet und auf Veranstaltungen versucht er, in lockerer Art seine radikalen Botschaften zu verbreiten.

Zwischen Islamkritik und Panikmache

Die aktuellen Debatten um den Islam und die Integrationsfähigkeit der Muslime sind oft von Emotionen und Intoleranz geprägt. Eines der zentralen Stichwörter dieser öffentlichen Diskussionen ist die «Islamkritik», und darunter findet sich heute alles, von der seriösen Auseinandersetzung mit echten Defiziten oder Missständen bis zur Volksverhetzung. Dort, wo es an Sachlichkeit mangelt, beginnt unter Umständen schon die Islamfeindlichkeit. Manche sprechen hier auch von Islamophobie oder von antimuslimischem Rassismus.

Das Phänomen ist nicht neu. Die hierbei verbreiteten Motive bahnen sich seit

Jahrhunderten ihren Weg in die abendländische Gesellschaft. Ob von Schriftstellern, Religionsvertretern oder Staatenlenkern – damals wie heute werden Vorurteile verbreitet und Muslime als Gefahr dargestellt. In den letzten zehn Jahren aber ist die Islamfeindlichkeit auf der Welt spürbar stärker geworden, das hängt natürlich vor allem mit den Anschlägen vom 11. September 2001 in den USA zusammen.

Islamfeindlichkeit zeichnet sich dadurch aus, dass den Muslimen oder ihrer Religion pauschal negative Eigenschaften zugeschrieben werden, die dazu dienen sollen, sie auszugrenzen und an den Rand der Gesellschaft zu drücken. So heißt es häufig, «die» Muslime oder «der» Islam seien gewaltbereit, rückständig, antimodern, frauenfeindlich und so weiter. Solche Aussagen können zwar auf einzelne Personen oder auf das Verständnis bestimmter Gruppen vom Islam zutreffen, aber eben nicht auf alle. Es gibt nun einmal im Islam keine Einrichtung wie den Vatikan und den Papst in der römisch-katholischen Kirche, der für alle Gläubigen bestimmen könnte, was sie zu glauben haben. Deshalb existieren im Islam besonders viele verschiedene Strömungen wie Sunniten, Schiiten oder Aleviten, die sich wiederum aufgliedern in Sufis, Konservativ- oder Liberal-Gläubige, Kulturmuslime und viele andere. Solche Unterschiede werden unter islamfeindlichen Vorzeichen auf unfaire Weise ausgeblendet. Häufig werden einfach die Ansichten von Fundamentalisten oder gewaltbereiten Extremisten als typisch für den Islam genommen und als dessen reine Lehre dargestellt. Wissenschaftlich belegen lassen sich solche pauschalen Behauptungen schlecht oder gar nicht.

Islamfeindliche Haltungen verbergen sich gern unter dem Deckmäntelchen der Islamkritik. Der Begriff «Islamkritik» an sich bezeichnet zunächst einmal nichts Verwerfliches. Häufig kaschiert aber dieser harmlos klingende Begriff unsachliche Pauschalierungen, Unterstellungen und Beschimpfungen. Viele der Methoden, die sogenannte «Islamkritiker» zur Verunglimpfung der Menschen und ihrer Religion benutzen, kennen Wissenschaftler aus der Geschichte des Antisemitismus.

Diese «Islamkritiker» greifen zum Beispiel wahllos Verse aus sehr alten Texten heraus, um sie gegen heutige Muslime zu verwenden. Sie vergleichen Dinge, die sich nicht vergleichen lassen, um ihre Argumente zu untermauern. Sie übertreiben und schüren Ängste. Sie blenden allgemeine soziale, wirtschaftliche oder psychologische Ursachen von innermuslimischen Problemen aus und führen zur Erklärung lediglich die Religion an.

Aus ihren Behauptungen leiten solche «Islamkritiker» dann Konsequenzen für unsere Gesellschaft ab, wie zum Beispiel ein Kopftuchverbot für Lehrerinnen und Schülerinnen. Genau dies kann zur Grundlage von islamfeindlichen Haltungen bei anderen Menschen führen. Frauen und Männer, die ihre islamische Religion etwa durch ein Kopftuch oder durch einen traditionellen Bart nach außen zeigen, erscheinen verdächtig. Von dort ist es nur ein kleiner Schritt, ihnen zu unterstellen, dass sie (insgeheim) die freie, pluralistische und tolerante Gesellschaft, in der sie leben, stürzen und in eine islamistische überführen wollen. Und von dort ist es wiederum nur ein kleiner Schritt, in der breiten Bevölkerung Panik vor freiheitsberaubenden Religionsgesetzen, grausamen Strafen oder Terror zu schüren.

Meinungsmache. Islamfeindlichkeit zieht sich durch alle Gesellschaftsschichten und taucht nicht nur bei Personen mit rechtsextremen Einstellungen auf. Sie findet sich versteckt oder offen in den Medien, in der Politik und im ganz normalen Alltag. Vor allem das Internet ist ein beliebtes Medium zur Stimmungsmache geworden. Die Kommunikationswissenschaftler Kai Hafez und Carola Richter haben 2007 untersucht, welches Islambild von den öffentlich-rechtlichen Sendeanstalten transportiert wird. Während des untersuchten Zeitraums wurde der Islam in 133 Sendungen und Einzelbeiträgen thematisiert. In 81 Prozent der Beiträge in ARD und ZDF war vom Islam in negativen Zusammenhängen die Rede – Kriege, Terrorismus/Extremismus, Ehrenmorde und so weiter; lediglich in 19 Prozent der Fälle wurde über neutrale oder positive Themen etwa aus dem Bereich der Kultur berichtet. Uninformierte Zuschauer können so leicht den Eindruck erhalten, der Islam sei tatsächlich ein Problem. In der Realität aber hat die deutliche Mehrheit der Muslime mit Gewalt und Extremismus überhaupt nichts zu tun.

Ähnliche Gewichtungen finden sich in allen Medien. Vor allem fördern zahlreiche Bücher, Artikel und Stellungnahmen von mehr oder weniger berühmten «Islamkritikern» wie Ralph Giordano oder Necla Kelek islamfeindliche Einstellungen.

Beim Stichwort Islam denken viele zuerst an die Benachteiligung von Frauen. Nach einer Studie der Bertelsmann Stiftung von 2019 empfinden 52 Prozent der deutschen Bevölkerung den Islam als bedrohlich. 41 Prozent haben gar kein oder wenig Vertrauen in Muslime. Für 30 Prozent der Ostdeutschen und 16 Prozent der Westdeutschen sind Muslime in der Nachbarschaft nicht willkommen.

In schlimmen Ausnahmefällen führen islamfeindliche Einstellungen zu handfesten Übergriffen auf Musliminnen und Muslime. Einzelne berichten davon, dass ihnen Kopftücher auf offener Straße heruntergerissen oder dass sie bespuckt wurden. Andere werden auf Ämtern, von der Polizei, von Lehrern, Arbeitgebern, Vermietern oder an Supermarktkassen schlechter behandelt, weil sie Muslime sind. Es gab auch schon Brandanschläge auf Moscheen, oder deren Außenmauern wurden mit Schweineblut besudelt.

Viele Muslime in Deutschland bekunden, dass die negative Wahrnehmung des Islams inzwischen zu einer alltäglichen Erfahrung geworden sei. Bei manchen führt dies dazu, dass sie sich von der Mehrheitsgesellschaft immer weiter abschotten und die Gräben unüberwindbar zu werden drohen. Vor allem Akademiker und gut qualifizierte Fachkräfte denken verstärkt darüber nach, Deutschland zu verlassen. Bedenklich ist, dass auch viele Jugendliche meinen, dass sie wegen der zu erwartenden Diskriminierungen auf den üblichen Wegen niemals zu beruflichen und persönlichen Erfolgen in dieser Gesellschaft gelangen können. Sie kommen, wie auch viele Andere, mit diesem Feindbild «Muslim» nicht zurecht.

Berechtigte Kritik? Aber wo bleibt nun die berechtigte Islamkritik, der es darum geht, auf Missstände im muslimischen Leben in Deutschland hinzuweisen, um das Leben der betroffenen Menschen zu verbessern? Die zu Recht darauf abzielt, bestimmte Interpretationen der islamischen Quellen zu hinterfragen?

Seriöse Islamkritik sollte korrekt mit den Quellen umgehen und sachlich argumentieren. Hilfreich ist es sicherlich auch, die Absichten, die man mit seiner Islamkritik verfolgt, vorab klar zu benennen. Um ein friedliches Zusammenleben aller Religionen und Kulturen in Deutschland und Europa wirklich voranzutreiben, ohne dass von Einzelnen die völlige Assimilation gefordert wird, sollten auch Störfaktoren im islamischen Gefüge kritisch und konstruktiv benannt werden. Integration kann aber nur dann gelingen, wenn Forderungen an beide Seiten – die Minderheit und die Mehrheitsgesellschaft – gestellt werden. Und Kritiker sollten konkret sagen, was sie selbst zur Integration beitragen können.

11. Alles Muslim oder was?

Islamische Vielfalt in Deutschland

Der Islam gehört zu Deutschland! – das ist ein Satz des ehemaligen Bundespräsidenten Christian Wulff, der für viel Diskussionsstoff gesorgt hat. Tatsächlich hat der Islam in Deutschland eine längere Geschichte, als die meisten denken: Der preußische König Friedrich Wilhelm I., der von 1713–1740 regierte, hatte zeitweise zwanzig türkische Soldaten in seinem Regiment. Er stellte ihnen einen Gebetsraum zur Verfügung, damit «seine Mohammedaner», wie er sie nannte, ihre religiösen Verpflichtungen erfüllen konnten.

Friedrich II., auch der Große genannt, antwortete 1740 auf die Anfrage, ob in einer evangelischen Stadt auch ein Katholik Bürgerrechte erwerben könne: «Alle Religionen sind gleich gut, wenn nur die Leute, so sie professieren, ehrliche Leute sind. Und wenn Türken und Heiden kämen und wollten das Land peublieren (bewohnbar machen, Anm. d. Verf.), so wollen wir ihnen Moscheen und Kirchen bauen. Ein jeder kann bei mir glauben, was er will, wenn er nur ehrlich ist.» Dieser Mann, der sich auch als «der erste Diener seines Staates» verstand, brachte klar zum Ausdruck, dass in seinem Land «jeder nach seiner Façon selig werden» könne.

Die Nachfahren jener Soldaten waren bereits im 19. Jahrhundert preußisch-deutsche Musliminnen und Muslime, die sich selbst als Brücke zwischen Okzident und Orient verstanden. 1922 wurde in Berlin durch den indischen Imam Maulana Sadruddin eine islamische Gemeinde gegründet, die zwei Jahre später dort bereits eine Moschee eröffnete. Anscheinend war es in diesen Zeiten möglich, dass Moscheen und Friedhöfe für muslimische Mitbürgerinnen und Mitbürger entstanden.

Nach dem Zweiten Weltkrieg kamen dann die ersten muslimischen «Gastarbeiter» nach Deutschland. Im Gegensatz zu den bereits hier lebenden Musliminnen und Muslimen, die oft Kaufleute und Akademiker waren, gehörten sie der Arbeiterschicht an. Obwohl viele dachten, dass die «Gäste» irgendwann wieder gehen würden, sind viele in der Bundesrepublik heimisch geworden und verstehen sich als Bürgerinnen und Bürger dieses Landes.

Zunächst errichteten sie Gebetsstätten, meist in ausgedienten Ladenlokalen oder Fabrikhallen. Durch den Nachzug und die Gründung von Familien entstand die Notwendigkeit, eine gewisse «islamische Bildung» an die nächste Generation weiterzugeben. Das erwies sich als nicht ganz einfach, und zwar für alle Seiten. Die meisten muslimischen Gemeinden und auch die Eltern konnten ihren Kindern nur einen sehr traditionellen «Volksislam» vermitteln.

Schließlich begannen Einwanderer damit, religiöse Organisationen, Moscheen und Bildungseinrichtungen für ihre Landsleute aufzubauen, die zumeist stark national geprägt waren und sind, weil es auch ihnen darum geht, ethnische Besonderheiten zu wahren.

Heute leben in der Bundesrepublik schätzungsweise 5,5 Millionen Menschen muslimischen Glaubens. Sie geben sicher kein einheitliches Bild ab und sehen sich auch nicht alle in den bisher vorhandenen islamischen Vereinen und Verbänden vertreten.

Vereinigungen. Vor allem die Terroranschläge vom 11. September 2001 haben die Situation verändert. Muslimische Organisationen werden von nichtmuslimischer Seite viel stärker zur Kenntnis genommen, auch solche, die bereits seit Jahrzehnten bestehen. Auch interreligiöse Diskussionen haben zugenommen, an Zahl wie an Bedeutung. Alltägliche religiöse Praktiken treten ebenfalls mehr in den Vordergrund, sei es, dass Muslime sie bewusster ausüben wollen, sei es, weil sie von der nichtmuslimischen Seite eher wahrgenommen werden.

Seit 1986 existiert der Islamrat für die Bundesrepublik Deutschland als eingetragener Verein, der sich auch als Rechtsnachfolger des Islamischen Weltkongresses Deutschland (gegründet 1932 von sowjetischen muslimischen Flüchtlingen in Berlin) sieht. Das zahlenmäßig größte Mitglied des Islamrates ist die Islamische Gemeinschaft Milli Görüş (IGMG), der an Mitgliedern zweitstärkste Verein in Deutschland. 1994 kam der Zentralrat der Muslime in Deutschland (ZMD) hinzu, der sich selbst als Spitzenverband der islamischen Dachorganisationen bezeichnet.

Der Verband mit den meisten Mitgliedern ist die DITIB (Diyanet İşleri Türk İslam Birliği), die Türkisch-Islamische Union der Anstalt für Religion. Sie hat durch die solide Finanzierung aus der Türkei eine straffe Struktur aufbauen können, ist aber auch an bestimmte Forderungen des türkischen Staates gebunden. So wurden bisher die Imame der Gemeinden in der Türkei ausgebildet und jeweils für eine bestimmte Zeit nach Deutschland geschickt. Allerdings müssen die neuen Imame aus der Türkei immer wieder erst Deutsch lernen und sich eingewöhnen, was die Integration der türkischen Muslime nicht gerade erleichtert. Obwohl hier eine Änderung vorgesehen ist, bleibt DITIB an den türkischen Staat gebunden, wie das «T» im Namen ja bereits sagt. Sie kann deshalb auch nicht als Gesamtvertretung der Musliminnen und Muslime in Deutschland gelten.

Ein weiterer Verband ist der VIKZ (Verband der Islamischen Kulturzentren e.V.), der einen eigenen «inneren» Weg verfolgt und seine Mitglieder in dieser Hinsicht schult. Die Bewegung geht auf den 1959 verstorbenen Naqschbandi-Scheich Süleyman Hilmi Tunahan zurück. Er hatte von seinen Anhängern den Beinamen «Gottesfreund» bekommen, gab aber sein Amt als spiritueller Führer nicht weiter.

Islamrat, Zentralrat, VIKZ und DITIB haben den Koordinierungsrat der Muslime (KRM) in Deutschland gegründet. Im Juli 2019 traten außerdem die Union der Islamisch-Albanischen Zentren in Deutschland (UIAZD) sowie der Zentralrat der Marokkaner in Deutschland (ZRMD) dem KRM bei. Gemeinsam vertreten sie etwa 32 Prozent der in Deutschland lebenden Musliminnen und Muslime. Alle hier genannten Vereine haben männliche Vorsitzende, in einigen Verbänden gibt es eine Frauenquote für den Vorstand.

Im Frühjahr 2010 hat sich der Liberal-Islamische Bund (LIB) e.V. gegründet. Er hat nicht nur als erster Verband eine Frau zur Vorsitzenden gewählt, sondern hat sich explizit zum Ziel gesetzt, die Rechte von Frauen und Minderheiten zu stärken und eine innerislamische Meinungsvielfalt zu kultivieren, besonders bei der Interpretation des Korans.

Frauenorganisationen. Auch muslimische Frauen sind seit vielen Jahren aktiv und versuchen, ihren eigenen Weg zu finden. So entstanden in den letzten Jahren Frauenorganisationen, die in verschiedenen Bereichen tätig sind. Allerdings gibt es nur wenige, die unabhängig von den männlich besetzten größeren Vereinen agieren können. Zumeist sind sie Untergruppen derselben.

Einige der wenigen autonomen Frauengruppen sind das Zentrum für Islamische Frauenforschung und Frauenförderung (ZIF) und das Begegnungs- und Fortbildungszentrum muslimischer Frauen (BFmF), beide in Köln, das HUDA-Netzwerk für muslimische Frauen in Bonn, das «Netzwerk muslimischer Frauen» in Hamburg sowie den «Sozialdienst muslimischer Frauen – SmF» in Köln. Mittlerweile hat sich auch das Aktionsbündnis muslimischer Frauen (AmF) gegründet, in dem sich allerdings organisierte und nichtorganisierte Frauen miteinander engagieren.

Grundsätzlich fehlt bisher fast allen Vereinen und Gemeinschaften die Anerkennung als Körperschaft des öffentlichen Rechts oder als eigene Religionsgemeinschaft. Eine Anerkennung bietet die Möglichkeit, einen Steueranteil staatlich einziehen zu lassen, und ein Mitspracherecht im Rundfunkrat, bei den Lehrplänen und Schulmaterialien sowie bei der Besetzung der Lehrstühle und Professuren für Islamische Theologie und Islamische Religionspädagogik. Der Staat könnte große materielle Ressourcen bereitstellen – ein gewaltiges Machtpotential, bei dem es klug zu überlegen gilt, wer sie denn in die Hand bekommen soll.

Muslime weltweit

Häufig wird einfach von «dem» Islam gesprochen. Die Facetten islamischen Lebens auf der Welt sind aber ebenso vielfältig wie die muslimischen Menschen selbst. Sie haben in ihrem Verständnis vom Islam, in ihren Auslegungen des Korans oft ganz unterschiedliche Wege gefunden, traditionelle oder ganz eigene. Daraus haben sich dann auch unterschiedliche Rechtsschulen entwickelt und verbreitet.

Im Ursprungsland des Islams, dem heutigen Saudi-Arabien, leben rund 32–34 Millionen Muslime. Hier ist der Islam, wie in vielen anderen Staaten auch,

Staatsreligion. Es herrscht eine sehr strenge Form des Islams vor, der Wahhabismus, dem fast drei Viertel der muslimischen Bevölkerung angehören. So durften bis Juni 2018, angeblich aus religiösen Gründen, Frauen nicht Auto fahren. Hierüber, wie über viele andere Dinge auch, wacht die Religionspolizei *(mutawwa)*.

Auf dem größten Kontinent, in Asien, ist der Islam am weitesten verbreitet, und dem entspricht auch die dortige innerislamische Vielfalt. Heute leben etwa 4,73 Milliarden Menschen, das sind ungefähr 60 Prozent der Erdbevölkerung, auf diesem Kontinent. Mit 700 Millionen Menschen leben etwa die Hälfte aller Muslime in Süd- und Südostasien.

In Indonesien etwa finden wir weltweit den höchsten muslimischen Bevölkerungsanteil, rund 243 Millionen Menschen sind Muslime. Auf Sumatra existiert noch heute die größte matrilinear orientierte Bevölkerungsgruppe, die Minangkabau. «Matrilinear» bedeutet, dass zum Beispiel die Verwandtschaft in der Mutterlinie beim Erbrecht ausschlaggebend ist und die Frauen im Alltag eine hohe Autorität haben. Trotzdem verstehen sich die Minangkabau als strenggläubige Muslime. Malaysia ist als Vielvölkerstaat natürlich auch ein Land mit vielen Religionen, aber etwa 60 Prozent der Bevölkerung bekennen sich zum Islam. Von hier aus bekam auch die islamische Frauenbewegung durch die «Sisters in Islam» großen Auftrieb.

Aber auch Iran gehört zu Asien. Dort bezeichnen sich fast 90 Prozent der Muslime als Schiiten und rund 9 Prozent als Sunniten. Im benachbarten Irak ist das Verhältnis zwischen Schiiten und Sunniten etwa 60 zu 40. In Pakistan, das sich 1956 zur ersten «Islamischen Republik» der Welt erklärte, sind sowohl die Sufis, die Mystiker, als auch die Anhänger der reformistischen Ahmadiyya-Gemeinschaft stark vertreten. Auch die vom saudi-arabischen Wahhabismus geprägten Taliban haben hier zunehmenden Einfluss gewonnen.

In Afrika, wo rund 45 Prozent der Bevölkerung Muslime sind, entfaltete sich 2011 in einigen nördlichen Staaten wie Libyen, Ägypten, Tunesien der sogenannte Arabische Frühling. Die Menschen versuchten, ihre meist diktatorischen Führer loszuwerden und demokratische Regierungsformen zu schaffen. Dabei bezogen sie ihre religiösen Vorstellungen ganz unterschiedlich stark mit ein. Im muslimisch dominierten Sudan kam es zu einer Teilung des Landes, als sich im Juli 2011 der überwiegend christliche Süden für unabhängig erklärte.

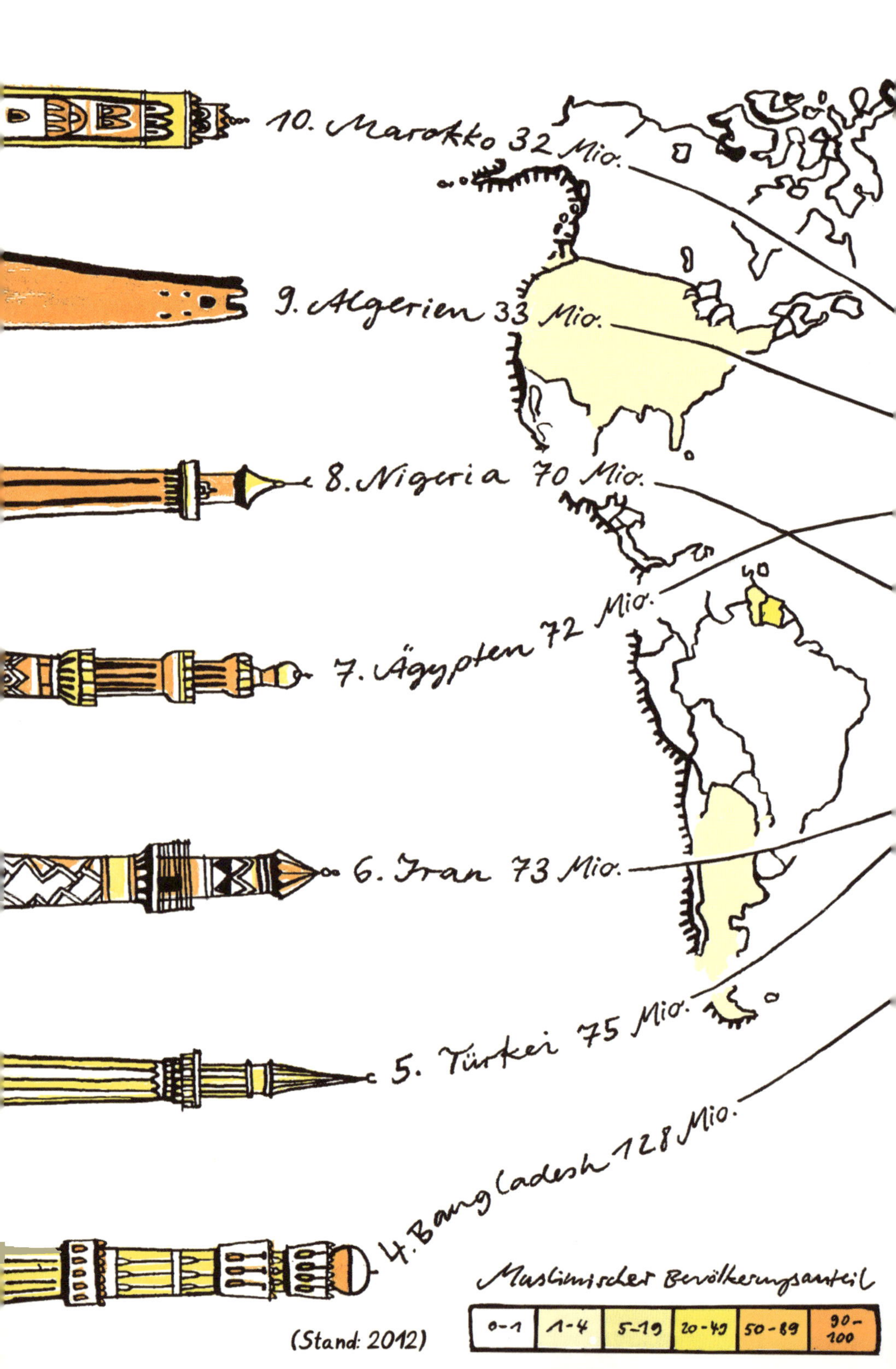
10. Marokko 32 Mio.
9. Algerien 33 Mio.
8. Nigeria 70 Mio.
7. Ägypten 72 Mio.
6. Iran 73 Mio.
5. Türkei 75 Mio.
4. Bangladesh 128 Mio.
Muslimischer Bevölkerungsanteil
0-1
1-4
5-19
20-49
50-89
90-100
(Stand: 2012)

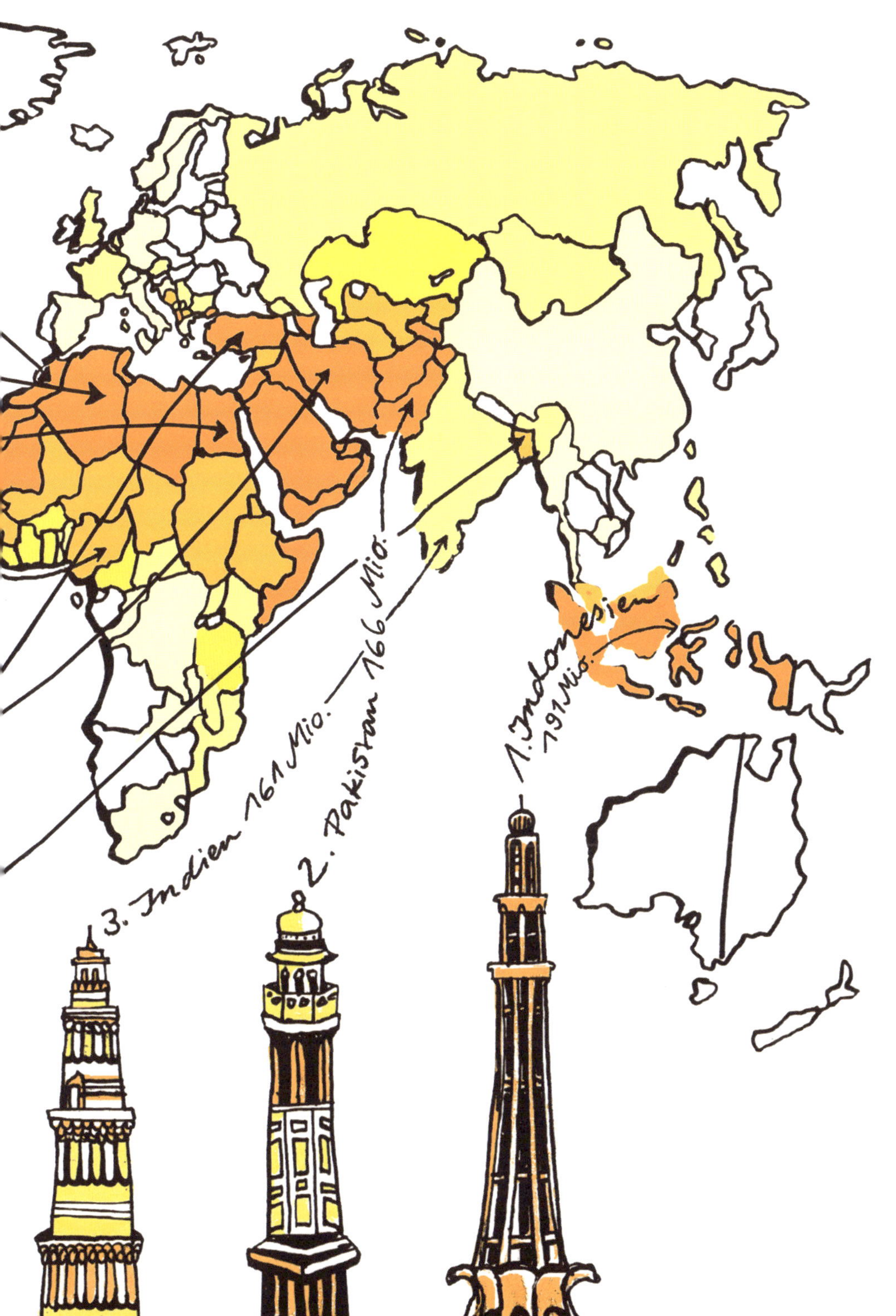
1. Indonesien
191 Mio.
2. Pakistan 166 Mio.
3. Indien 161 Mio.

In Nord- und Südamerika gibt es große muslimische Minderheiten, die aus aller Welt eingewandert sind. In den USA und Kanada entstanden so zahlreiche Gruppierungen, darunter etwa auch die Black Muslims; zu ihnen gehörte der ehemalige Boxweltmeister Muhammad Ali. Die riesige Mehrheit der «normalen» Muslime in den USA hat es seit dem Terroranschlag vom 11. September 2001 nicht leicht, ihre Mitbürger davon zu überzeugen, dass sie ganz friedliche Gläubige sind. Aber viele Muslime arbeiten im öffentlichen Dienst, selbst am Flughafen Washington sieht man Sicherheitsbeamtinnen mit Kopftuch. Da in Nordamerika keine Daten über die Religionszugehörigkeit erhoben werden, schwankt die offizielle Schätzung der dort lebenden Muslime zwischen 3 und 10 Millionen.

In Europa leben zwischen 40 und 50 Millionen Menschen muslimischen Glaubens, das sind 6 bis 8 Prozent der europäischen Bevölkerung. Die meisten sind eingewandert, und so leben Menschen mit unterschiedlichsten geschichtlichen und kulturellen Hintergründe zusammen. Die muslimischen Gemeinden entwickeln in den einzelnen Staaten ganz unterschiedliche Ausprägungen. Viele Länder im heutigen Europa waren früher Kolonialstaaten, zum Beispiel Frankreich, Großbritannien oder die Niederlande. Die aus den ehemaligen Kolonien stammenden Muslime sind meist Staatsbürger dieser Länder. Frankreich hat viele muslimische Bürger aus Marokko, Algerien oder Tunesien, und Großbritannien ist die Heimat vieler pakistanischer, indischer oder bengalischer Muslime. Diese Menschen prägen natürlich das Islambild in diesen Ländern. Neben vielen türkischen Mitbürgern muslimischen Glaubens gibt es in ganz Europa auch viele Muslime aus dem ehemaligen Jugoslawien, vor allem aus Bosnien-Herzegowina, wo nach dem Ende des Sozialismus eine neue Frömmigkeit eingekehrt ist. In Andalusien, also in Südspanien, leben neben Einwanderern aus Nordafrika auch viele gebürtige spanische Muslime, so wie es mittlerweile in der Bundesrepublik Deutschland viele hier geborene deutsche Muslime gibt.

Baustile in aller Welt. Die Vielfalt muslimischen Lebens zeigt sich auch in den unterschiedlichen Baustilen der Moscheen. Hierzulande denken ja viele Menschen, jede Moschee müsse türkisch-osmanisch aussehen und zum Beispiel eine große Kuppel haben. Aber das ist nur eine von vielen möglichen Formen. Die Prophetenmoschee *(al-masdschid an-nabawī)* gilt als die erste Moschee. Sie bestand nur aus einem ummauerten Gelände, das von einem Gerüst aus Balken umgeben war. Zum Schutz vor der Sonne wurden hier Palmzweige aufgelegt.

Vor allem in Asien, Afrika und Andalusien gibt es die Säulenmoschee, die sich vorwiegend an der Prophetenmoschee in Medina orientiert. Der Gebetsraum wird von Säulen getragen, und das Dach ist flach. Davor findet sich meist ein großer Hof. Berühmte Beispiele für diesen Moscheetyp sind die Mesquita im spanischen Cordoba oder die Umayyadenmoschee in Damaskus.

Vor allem in Iran und Afghanistan ist die Vier-Iwan-Moschee verbreitet, wie zum Beispiel die Freitagsmoschee von Isfahan. An allen vier Seiten eines rechteckigen Hofes öffnen sich Hallen, die an den übrigen drei Seiten geschlossen sind. Durch die fehlende Wand zum Hof hin sind diese Iwane weder Außen- noch Innenraum. Einer der Iwane, der höher oder reicher geschmückt ist als die anderen, bildet den Eingang. Eine kleinere Kuppel liegt über der Gebetsnische. Der Innenhof ist der zentrale Raum, in dem auch die Lernenden oft beieinandersitzen und diskutieren.

Die türkisch-osmanische Kuppelmoschee ist nicht nur für die Türkei, sondern auch für den Balkan typisch. Sie verbreitete sich während der Herrschaft der Osmanen auch in Syrien. Bei dieser Moscheeart fällt die Kuppel besonders ins Auge. Die berühmtesten Beispiele sind die Süleymaniye-Moschee in Istanbul

Jubba-Moschee in Jibla

Moschee von Inbuk Bank

sowie die Selimiye-Moschee in Edirne. Auch hier findet sich meist ein geschützter Vorhof. Außerdem sind die sehr schlanken Minarette mit den kleinen Spitzdächern typisch für diese Bauart.

Auch in Deutschland hat es schon früher Moscheebauten gegeben, wie zum Beispiel die 1925 errichtete Moschee in Berlin-Wilmersdorf oder die Moschee im Schwetzinger Schlossgarten bei Heidelberg aus dem 18. Jahrhundert. Letztere hatte allerdings nur in Ausnahmefällen die Funktion einer Moschee als Gebetsraum, der Kurfürst wollte hier seine Toleranz gegenüber allen Religionen der Welt zum Ausdruck bringen. Die bekannten Moscheen in Aachen, München und Hamburg sind Mischformen aus modernen und traditionellen Elementen, ebenso die 2018 erbaute große Moschee in Köln-Ehrenfeld.

In Europa geht man beim Moscheebau mitunter andere Wege, etwa indem man auch Umbauten akzeptiert, wie bei der großen Moschee in Brüssel. Das Gebäude wurde ursprünglich 1880 als orientalischer Pavillon für die National-Messe in Brüssel gebaut, später mit Hilfe Saudi-Arabiens renoviert und 1978 als Moschee und Islamisches Kulturzentrum eröffnet. Ein anderes Beispiel ist die Green-Lane-Moschee in Birmingham. Der rote Backstein- und Terrakottabau wurde zwischen 1893 und 1902 als Bibliothek errichtet, auch ein Badehaus war

Moschee in Polen

Moschee in China

darin untergebracht. Nach 1970 wurde das Gebäude dann in eine Moschee umgewandelt – die größte in Birmingham.

An vielen Orten der Welt gehen muslimische Gemeinden heutzutage eine Kooperation mit nichtmuslimischen Architekten ein. Viele erhoffen sich dadurch eine andere Perspektive und eine größere Chance, auch bei der nichtmuslimischen Bevölkerung akzeptiert zu werden. Hier wird das ausgedrückt, was auch dem Lebensgefühl vieler Musliminnen und Muslime entspricht: Der Islam ist eine Weltreligion und keine orientalische Kultur. Er kann daher nicht nur mit einer Region oder einer Nation in Verbindung gebracht werden.

Es bleibt zu hoffen, dass so, wie sich unterschiedliche Baustile entwickeln können, auch die Meinungsvielfalt im Islam weltweit zu einer Dynamik führt, die alle Musliminnen und Muslime mit einbezieht und es ihnen möglich macht, Lösungen für ihre Zeit, ihren Ort und ihre Situation im Einklang mit ihrer Religion zu entwickeln.

Anhang

Nachwort

«Lässt sich das, was Sie hier vortragen, auch irgendwo nachlesen?», fragen uns viele Zuhörer und Zuhörerinnen bei Vorträgen, Workshops oder anderen Events. Diese Frage ist durchaus berechtigt, denn viele Themen, die uns am Herzen liegen, werden kaum in Texten behandelt, die einem breiten Publikum zugänglich sind. Somit entstand die Idee zu einem Buch, das es in der vorliegenden Form bisher noch nicht gab.

Es richtet sich gleichermaßen an Muslime und Nichtmuslime und soll Lesern vieler Alters- und Bildungsstufen die Möglichkeit bieten, sich eine größere Bandbreite islamischen Denkens und Lebens zu erschließen – von ganz grundsätzlichen Vorstellungen des Islams über Dinge des Alltags bis zu aktuellen und kontroversen Fragen. Dabei lag uns viel daran, einen liberalen und zeitgemäßen Islam darzustellen und die verschiedensten Themen in dieser Sichtweise aufzubereiten.

Besonders freuen wir uns, dass der Verlag mit Alexandra Klobouk jemanden gefunden hat, der unsere modernen, bisweilen kritisch-anspruchsvollen Auslegungen zeichnerisch umsetzen konnte – auch und gerade für junge Leser und Leserinnen. Wir finden, dies ist ihr sehr gut gelungen.

Um die Lesbarkeit für alle zu erhöhen, haben wir auf eine vereinfachte Umschrift arabischer Wörter zurückgegriffen und die diakritischen Zeichen so gering wie möglich gehalten. Bei vielen Namen und Begriffen, die auch im Deutschen inzwischen immer vertrauter werden (sollen), haben wir ganz auf Sonderzeichen verzichtet.

Sämtliche Koranübersetzungen stammen von uns und sind neu oder aus unserem Buch «Der Koran für Kinder und Erwachsene» entnommen.

Wir möchten mit dem vorliegenden Buch auch eine alte islamische Tradition wieder aufgreifen, nämlich gemeinsam und offen über Themen und Probleme zu diskutieren. Solche Debatten, die in der islamischen Frühzeit zu einer Vielfalt im

Denken und in der Theologie geführt haben, scheinen heute vielfach abhandengekommen zu sein. Dies wieder zu beleben und damit die reale Glaubenswelt der Musliminnen und Muslime von der Funktionärsebene weg zurück an die Basis zu holen ist ein erklärtes Ziel dieses Buches. Aber auch gegen das in den letzten Jahrzehnten oft verzerrte Islambild gilt es, ein Zeichen zu setzen. Dabei war es uns wichtig, durchaus selbstkritisch Dinge beim Namen zu nennen, aber auch eine differenzierte Sichtweise von nichtmuslimischer Seite einzufordern.

Neben Alexandra Klobouk gilt unser Dank auch unserem Lektor, Ulrich Nolte. Er hat sich immer wieder für unsere Sichtweisen und Anliegen offen gezeigt und gleichzeitig viele Aspekte eingebracht, die den Blickwinkel unsererseits erweitert haben.

Wir sind uns im Klaren darüber, dass wir hier eine von vielen islamischen Sichtweisen präsentieren, aber es ist eine, die oft zu kurz kommt oder gar nicht eingebracht wird. Wir würden uns freuen, wenn dieses Buch vielfältige Diskussionen, auch innerislamische, anstößt. Zum einen, damit unterschiedliche Gruppen miteinander ins Gespräch kommen, zum anderen, damit hoffentlich viele Menschen ihr Bild vom Islam überdenken.

Wollt ihr denn nicht nachdenken?, heißt es im Koran (6:50), und wir antworten: «Doch, wir wollen!» – und hoffentlich noch viele Andere mit uns.

Wir wünschen viel Vergnügen und viele lebendige Gedanken beim Lesen dieses Buches!

Darf man den Islam zeichnen?

Gibt es da nicht dieses Bilderverbot, dieses Verbot in islamisch geprägten Kulturen, konkrete Bilder darzustellen? Könnten nicht strenggläubige Muslime es als Affront empfinden, wenn ein Buch, das ihre Religion erklären möchte, mit Zeichnungen arbeitet – mit unorthodoxen und lustigen Zeichnungen gar?

Viel Halb- und Unwissen kursiert über die islamische Religion und ihre Traditionen, gepaart mit Unsicherheit, Zurückhaltung und Furcht – Furcht vor orthodoxen Ansichten und Furcht davor, religiöse Gefühle zu verletzen. Aber vielleicht *muss* man gerade deshalb den Islam zeichnen. Nicht mit Zirkel, Lineal und Schablone, sondern ohne allzu große Scheu, mit freiem Strich und Liebe zum Detail.

Im Falle dieses Buches hatte ich die Ehre und das Vergnügen «den Islam zu zeichnen» und dadurch näher kennen zu lernen. Meine Arbeitsweise bezeichne ich als *Kulturillustration.* Mit diesem Begriff meine ich die Verschmelzung verschiedener, sonst getrennter Tätigkeitsfelder. *Kultur* meint alles vom Menschen Geschaffene, alles, was das menschliche Miteinander ausmacht, und *Illustration* bedeutet die Erklärung, Erläuterung, Erhellung von Zusammenhängen. In meiner Arbeit darf ich daher in verschiedenen Gehegen wildern, bin Redakteurin, Rechercheurin, Autorin und Vermittlerin durch Zeichnung. Das Ergebnis sind Bilder, die den Betrachter einladen möchten, komplexe Zusammenhänge besser zu verstehen und einen ganz eigenen Zugang zum Thema Islam zu finden.

Die Technik oder Methode der Kulturillustration habe ich bei der Arbeit an meinem ersten Buch «Istanbul, mit scharfe Soße?» entwickelt, «ein Buch für alle, die auch keine Ahnung haben»: Nachdem ich festgestellt hatte, dass ich, obwohl in einer deutsch-türkisch geprägten Berliner Nachbarschaft wohnend, tatsächlich «keine Ahnung» von der türkischen Kultur hatte, beschloss ich, für ein halbes Jahr in Istanbul zu studieren. Nach meiner Rückkehr nach Deutschland erlebte ich ein reges Interesse an meinen dortigen Erfahrungen: als sogenannte «moderne junge Frau in einem islamischen Land». Ich wurde mit verschiedenen Vermutungen und Fragen konfrontiert, die oft als anstößig gelten. Daher verarbeitete ich meine Erlebnisse in Istanbul in einem Buch als *Kulturillustration.* Bei der Auswahl der Themen und Geschichten bin ich sehr subjektiv vorgegangen; ich habe versucht, nicht dokumentarisch, sondern ganz persönlich einen Einblick in eine Kultur zu geben, die mich nachhaltig beeindruckt hat und für die ich auch bei Anderen Interesse wecken wollte.

Das war auch meine Vorgehensweise bei der Recherche zum Islam. Als Erstes habe ich versucht, meinen eigenen Zugang zum Thema zu finden: Besonderheiten, Widersprüche und Gemeinsamkeiten zu entdecken, die mich bewegten und von denen ich annahm und hoffte, dass es dem späteren Leser ebenso geht.

Ich bin keine Wissenschaftlerin und keine Islam-Expertin, ich kann und will mich nicht an religiösen (Fach-)Diskussionen beteiligen. Vielmehr suche ich die persönliche Begegnung mit den Menschen, die eine Religion mit Leben erfüllen, und möchte deren Alltag mit seinen Freuden und Tücken kennen und verstehen lernen. Betrachter und Zeichnerin machen sich gemeinsam auf eine Entdeckungsreise in die Lebenswelt des vertrauten und zugleich fremden Islams.

In der öffentlichen Debatte um den Islam kann der Eindruck entstehen, als handele es sich bei dieser Religion um ein unverrückbares, starres Regelwerk, das nur in einer einzigen Lesart zu verstehen ist. Doch der Islam ist eine Religion, die weltweit seit Jahrhunderten in unterschiedlichsten Kulturen praktiziert wird. Bei einer lebendigen und gelebten Religion entstehen natürlicherweise verschiedene Auslegungen und auch interne Widersprüche, wie durch die Autorinnen dieses Buches anschaulich erläutert wird. Diese Lebendigkeit und Widersprüchlichkeit wirft spannende Fragen auf, doch Unsicherheit und vermeintliche Tabus verhindern auch hier oft, dass sie gestellt werden:

Wieso trägst du Kopftuch?

Was bedeutet es, muslimisch und schwul zu sein?

Wie genau geht denn eigentlich das Gebet? Und was macht man, wenn man nicht weiß, wo Mekka ist?

Trinken Fastende tatsächlich den ganzen Tag kein Wasser? Und dürfen sie Sex haben?

Einige dieser Fragen entbehren nicht einer gewissen Komik und scheinen dadurch umso unstatthafter zu sein. (Möglicherweise trauen sich manch junge Muslime selbst nicht, bestimmte Fragen zu ihrer Religion zu stellen?) Doch wer hat gesagt, dass man im Gespräch über den Islam nicht gemeinsam lachen darf? Die Bilder in diesem Buch wollen respektvoll, aber mit Witz nachfragen und hinsehen.

Den Islam zu zeichnen, das heißt also zunächst, gut zu recherchieren. Denn wer zeichnet, darstellt und erklärt, muss sich seiner Sache sicher sein. Ein Beispiel: Zur Pilgerfahrt, dem Hadsch, wird das Pilgergewand angelegt. Im Text könnte es genügen zu erklären, dass es sich um zwei weiße Stoffbahnen ohne Nähte handelt, die um den Körper gewickelt werden. Um dies zu zeichnen, muss man aber auch wissen, *wie* sie gewickelt werden – denn ein Fehler wird von Experten sofort erkannt, sei es die falsche Bindeweise, ein Knoten im Stoff oder eine Sicherheitsnadel, all das ist beim Anlegen des Pilgergewandes verboten.

Die Recherche erwies sich bald als eine besondere Herausforderung. Informationsquellen für Nichtmuslime sind teilweise recht oberflächlich und begnügen sich damit, Abläufe und Zusammenhänge nur grob zu umreißen. Die Fachliteratur dagegen und Literatur für Muslime ist sehr voraussetzungsreich; um sie zu verstehen, muss man Arabisch können.

Viele Rituale des Islams sind hochkomplex und in jahrhundertealten Traditionen begründet. Sie mit Liebe zum Detail – und zur Sache selbst – auch Nichtmuslimen zugänglich und nachvollziehbar zu machen ist ein Ziel meiner Zeichnungen. Der Austausch zwischen Muslimen und Nichtmuslimen soll Spaß machen. Mit meinen Zeichnungen möchte ich zum Entdecken und Nachfragen verführen.

Und das Bilderverbot? Es bezieht sich auf Darstellungen Gottes, aber auch auf den Propheten oder genauer: auf das Gesicht des Propheten, das nicht gezeigt werden darf, um auszuschließen, dass solche Darstellungen verehrt werden oder dass sie umgekehrt, wenn sie auf Fußböden zum Einsatz kommen, im wahrsten Sinne des Wortes mit Füßen getreten werden. An diese Grenzen habe ich mich gehalten – obwohl es in der islamischen Tradition selbst auch Darstellungen Muhammads mit seinem Gesicht gibt.

Ohne die intensive Zusammenarbeit mit Verlag und Autorinnen wäre meine Mitwirkung in dieser Form nicht möglich gewesen – an dieser Stelle darum herzlichen Dank für die große Offenheit und das in mich gesetzte Vertrauen!

Alexandra Klobouk
März 2012

Islamische Medien in Deutschland

Islam und muslimisches Leben sind täglich in deutschen Zeitungen, Zeitschriften, im Radio, im Fernsehen und im Internet präsent. Meistens wird über die Muslime berichtet, aber zunehmend schaffen sie auch selbst Medienangebote. Neben Fragen des Glaubens und der Religion geht es um das Zusammenleben von Muslimen untereinander und mit Nichtmuslimen. Häufig konzentrieren sich die Beiträge auf das Spannungsfeld zwischen Islam und Moderne. Traditionelle Auffassungen vom Islam kollidieren immer wieder mit den Vorstellungen einer säkularen, aber christlich geprägten Gesellschaft.

Insgesamt werden islamische Medienangebote in Deutschland relativ wenig beachtet. Muslime nutzen wie andere Menschen auch vorwiegend Angebote mit nicht spezifisch religiösen Inhalten. So erreichen beispielsweise Internetseiten von islamischen Heiratsvermittlungsagenturen besonders hohe Klickzahlen. Die vorhandenen Medien sind überwiegend im konservativen Religionsspektrum angesiedelt. Das liegt nicht unbedingt daran, dass die Muslime in Deutschland mehrheitlich konservativ wären. Hintergrund sind vielmehr der im Vergleich zu liberaleren Muslimen bessere Organisationsgrad und die bessere Vernetzung von Konservativ-Gläubigen. Dass es in naher Zukunft einen Boom neuer islamischer Medien geben wird, ist nicht zu erwarten. Lediglich Angebote, die auf ein alternatives Islamverständnis zu dem bislang vorherrschenden setzen, dürften an Kontur gewinnen.

Zeitungen und Zeitschriften

«Islamische Zeitung». Eines der bedeutenderen bundesweiten muslimischen Presseorgane erscheint monatlich in Berlin als Druckausgabe (Auflage: 6000–8000) und ist außerdem online abrufbar: monatlich 80 000 bis 120 000 Internet-Besucher (Stand 1.3.2008). Die «Islamische Zeitung» wurde 1995 von dem heutigen Herausgeber, dem Rechtsanwalt Andreas Abu Bakr Rieger (geb. 1965), und dem Chefredakteur, Stefan Suleiman Wilms (geb. 1970), gegründet, beide Konvertiten. Sie wird dem konservativen sunnitischen Spektrum zugerechnet und gibt sich wissenschaftsorientiert. Schwerpunkte: Interviews mit muslimischen und nichtmuslimischen Persönlichkeiten, deutsche und internationale Politik im Zusammenhang mit dem Islam und der islamischen Welt, außerdem auch immer spezielle religiöse Themen.

<<Ayasofya>>. Ein relativ neues Produkt im Magazinformat, benannt nach dem berühmten Bauwerk in Istanbul, das einst von den Byzantinern als Kirche erbaut und nach der Eroberung durch die Osmanen in eine Moschee umgewandelt wurde. Der Name bedeutet so viel wie «heilige Weisheit». Die Zeitschrift erscheint seit Mai 2001 alle drei Monate in deutscher und türkischer Sprache, die Auflage beträgt laut eigener Aussage vom Mai 2011 fast 10 000 Exemplare. Gründer und Chefredakteur ist der Soziologe Cemil Sahinöz (geb. 1981). «Ayasofya» nennt sich selbst «Die Zeitschrift für Wissenschaft, Integration und Religion» und ist ein Projekt von «WIR – Verein für Wissenschaft, Integration und Dialog e. V.» mit Sitz in Halle. Sie richtet sich vor allem an jüngere, in Deutschland aufgewachsene Muslime. Schwerpunkte: aktuelle Debatten (Umweltschutz im Islam, Islam in Deutschland, Integration) sowie religiöse und soziologische Themen (Muhammad der Prophet, Depression – die Volkskrankheit, Ehe und Familie).

Fernsehen und Rundfunk

Die Katholische Kirche, die Evangelische Kirche in Deutschland und der Zentralrat der Juden sind in den Rundfunkräten der öffentlich-rechtlichen Rundfunkanstalten vertreten, sie erhalten auf Wunsch angemessene Sendezeiten zum Beispiel in ARD und ZDF. Auch wenn sich einige Landesmedien- und Rundfunkgesetze gegenüber anderen Religions- und Weltanschauungsgemeinschaften zumindest etwas geöffnet haben, hat die zweitgrößte Religionsgemeinschaft in Deutschland, die der Muslime, keine solchen gesicherten Privilegien. Ursachen sind fehlende rechtliche Grundlagen auf ihrer Seite (sie haben zum Beispiel nicht den Status einer Körperschaft des öffentlichen Rechts), aber auch mangelnde Einsicht in die Notwendigkeit der Einbindung von Muslimen und ideologische Widerstände auf Seiten der Nichtmuslime. Trotzdem gibt es seit einiger Zeit spezielle Angebote von Muslimen und für Muslime.

«Forum am Freitag». Wird seit Juli 2007 vom ZDF ausgestrahlt, zu sehen allerdings nur im Internet und im digitalen Spartenprogramm ZDF Infokanal. Moderatoren: Homeira Rhein, Dilek Üsük und Abdul-Ahmad Rashid. Jede Woche steht in Form eines Interviews eine muslimische Persönlichkeit zu einem bestimmten Thema im Mittelpunkt. Befragt werden u. a. Theologen und Religionsvertreter, Wissenschaftler und Menschen aus dem Kulturbetrieb. Eine Verkündigungssendung ähnlich wie das «Wort zum Sonntag» kann das «Forum am Freitag» wegen des Rundfunkstaatsvertrags natürlich nicht sein.

«Islamisches Wort». Wurde von April 2007 bis September 2012 an jedem ersten Freitag im Monat im Hörfunkprogramm des SWR ausgestrahlt. Schwerpunkt der Sendungen, die auf der Website https://islam.de/9442 abrufbar sind, bilden religiöse Themen, die aus der muslimischen Innenperspektive behandelt werden. «Was glauben Muslime – und wie prägt dieser Glaube das Leben der Gläubigen?» Die Texte wurden von muslimischen Autorinnen und Autoren verfasst: Bekir Alboga, Emina Corbo-Mesić, Hussein Hamdan, Lamya Kaddor, Aiman Mayzek und Hilal Sezgin.

«Islam in Deutschland». Seite Mai 2022 erscheint bei SWR aktuell einmal im Monat der Podcast «Islam in Deutschland». Die Autorinnen und Autoren sind Annika Mehmeti, Hussein Hamdan und Yusuf Keskingöz.

Internet

Eine besondere Bedeutung für Muslime hat das Internet mit seinen vielfältigen Möglichkeiten gewonnen. Hier kann sich jeder kostengünstig und ohne allzu viele rechtliche Vorschriften einbringen. Diese niedrige Schwelle sorgt auch dafür, dass viele bedenkliche Internetseiten entstehen konnten. Sie stellen eine Gefahr dar, weil sie vor allem junge Menschen beeinflussen.

164 **Radikale Foren.** Unter den Angeboten sind viele fundamentalistische und islamistische, die auch zu Gewalt und Terrorismus aufrufen. Im deutschsprachigen Internetangebot spielen sie aber eine vergleichsweise geringe Rolle. Kritisch zu bewerten ist allerdings die Aufmerksamkeit, die einige salafistische Angebote (siehe Kapitel 10, Fundamentalismus und Radikale) erfahren wie «diewahrereligion.de». Dort wird ein sehr strenger, auf Gebote und Verbote reduzierter Islam gepredigt, der die Abgrenzung von modernen Gesellschaften fördert. Diese Internetseiten sprechen vor allem Jugendliche und junge Leute auf der Suche nach Orientierung an, sie erreichen schätzungsweise einige hundert Menschen pro Tag.

«igmg.org» und «islam.de». Unzählige Internetseiten befassen sich mit allen Facetten des Islams. Die zwei bedeutenderen Seiten sind «igmg.org», die Homepage des Islamverbands Milli Görüş, und «islam.de», die eng mit dem Zentralrat der Muslime in Deutschland verbunden ist. Auf beiden Seiten finden sich Nachrichten, Berichte und Analysen mit Bezug zur islamischen Welt, theologische Rubriken, in denen die eigene Sicht auf die einzelnen Themen verbreitet wird, sowie spezielle Service-Angebote für Muslime. Während «igmg.org» ein weitgehend geschlossenes islamisch-konservatives Weltbild vertritt, lässt «islam.de» offenere, bisweilen auch kontroverse Haltungen zu einzelnen Themen zu.

«migazin.de». Diese Seite, die von dem Juristen Ekrem Senol (geb. 1975) als Initiator, Herausgeber und Chefredakteur betreut wird, ist zwar in erster Linie auf die Themen Migration und Integration ausgerichtet, aber Muslime nehmen hier als eine der größten Einwanderergruppen in Deutschland viel Raum ein.

Diskussionsforen. Neben solchen größeren Angeboten sind im Zuge der wachsenden Islamfeindlichkeit zahlreiche Weblogs und kleinere Online-Plattformen entstanden, die sich zum Ziel gesetzt haben, diesen Tendenzen in der Gesellschaft entgegenzuwirken, wie «andalusian.de» oder «lynxx-blog.blogspot.com».

Vervollständigt wird das Angebot schließlich durch diverse Online-Foren, in denen islamische Glaubensinhalte diskutiert werden: «enfal.de», «forum.misawa.de» oder «madrasah.de». Dazu haben sich auch die Foren «qantara.de» (in Englisch, Deutsch und Arabisch) und «IslamiQ.de» etabliert. «IslamiQ.de» gibt auch gedruckte Themenhefte heraus.

Weil die Familien der meisten Muslime in den vergangenen fünfzig Jahren hier eingewandert sind, spielen auch ausländische Medien in Deutschland eine Rolle. Dies sind vor allem religiöse TV-Formate, die über Satellit empfangen werden. Sie finden besonders unter der ersten und zweiten Generation der Einwanderer Beachtung.

Fernsehprediger. Für den arabischen Bereich sind vor allem Sendungen mit weltweit populären Fernsehpredigern wie dem Iraker Ahmad al-Kubaisī oder Amr Khaled hervorzuheben. In den Call-In-Sendungen des Ersteren rufen Zuschauer aus aller Welt im Studio an und stellen live Fragen, meist zum Thema: Was ist verboten, was ist erlaubt? Amr Khaled ist konservativ, tritt aber modern und offen auf. Seine Sendungen sprechen eher ein jüngeres Publikum an. Insbesondere im Ramadan erfährt er große Aufmerksamkeit.

Türkische Medien. Laut einer Studie des WDR unter türkisch-stämmigen Einwohnern in Nordrhein-Westfalen (2007) werden zwar mit großem Abstand nterhaltungsserien im türkischsprachigen Fernsehen gesehen, doch an zweiter Stelle rangieren bereits religiöse Sendungen. Die Europaausgabe der Tageszeitung «Hürriyet» ist die wichtigste türkischsprachige Tageszeitung in Deutschland. Sie hat eine Auflage von ca. 60 000 Exemplaren. Der europäische Teil der Zeitung wird in Berlin produziert. Mittlerweile gibt es auch eine Internetseite mit Berichten in deutscher Sprache.

Literaturhinweise

Koran und Hadith

Al-Buḫārī: Die Sammlung der Hadithe, ausgewählt, übersetzt und herausgegeben von Dieter Ferchl, Ditzingen 2013

Der Koran, neu übertragen von Hartmut Bobzin, München ²2017

Der Koran für Kinder und Erwachsene, übersetzt und erläutert von Lamya Kaddor und Rabeya Müller, München ²2022

Der Koran. Die wichtigsten Texte, ausgewählt und erklärt von Hartmut und Katharina Bobzin, München ²2017

Yahyā ibn Sharaf al-Nawawī: Das Buch der vierzig Hadithe, aus dem Arabischen übersetzt und herausgegeben von Marco Schöller, Frankfurt a. M. 2010

Abu Zaid, Nasr Hamid: Gottes Menschenwort. Für ein humanistisches Verständnis des Koran, Freiburg 2009

Bakhtiar, Laleh: The Sublime Quran, Chicago 2009

Bobzin, Hartmut: Der Koran. Eine Einführung, München ¹⁰2018

Khoury, Adel Theodor: Der Hadith. Urkunde der islamischen Tradition, Bd. 1–5, Gütersloh 2008–2011

Khoury, Adel Theodor: Der Koran, erschlossen und kommentiert, Düsseldorf ²2006

Körner, Felix: Alter Text – neuer Kontext. Koranhermeneutik in der Türkei heute, Freiburg 2006

Neuwirth, Angelika: Der Koran als Text der Spätantike. Ein europäischer Zugang, Berlin ⁴2017

Sezgin, Fuat: Geschichte des arabischen Schrifttums. Bd. 1. Kap. Hadith. S. 53–233, Leiden 1967

Sinai, Nicolai: Der Koran. Eine Einführung, Stuttgart 2017

Allgemeine einführende Literatur

Aslan, Reza: Kein Gott außer Gott, München 2019

Bauschke, Martin/Homolka, Walter/Müller, Rabeya: Gemeinsam vor Gott – Gebete aus Judentum, Christentum und Islam, Gütersloh [2]2006

Bobzin, Hartmut: Mohammed, München [5]2016

Elger, Ralf: Kleines Islam-Lexikon. Geschichte, Alltag, Kultur, München [6]2018

Halm, Heinz: Der Islam. Geschichte und Gegenwart, München [11]2018

Ibn Ishaq: Das Leben des Propheten, Kandern [5]2014

Kaddor, Lamya: Muslimisch – Weiblich – Deutsch, München 2010

Kaddor, Lamya: Islam. Geschichte, Glaube und Gesellschaft. Illustrationen von Ludvik Glazer-Naudé, Hildesheim 2012

Kermani, Navid: Wer ist Wir? Deutschland und seine Muslime, München [9]2017

Krämer, Gudrun: Geschichte des Islam, München 2005

Mernissi, Fatema: Die vergessene Macht – Frauen im Wandel der Islamischen Welt, Berlin 1993

Literatur für Fortgeschrittene

Amirpur, Katajun: Unterwegs zu einem anderen Islam, Freiburg 2009

Bauer, Thomas: Die Kultur der Ambiguität. Eine andere Geschichte des Islams, Berlin [7]2021

Gamper, Markus: Islamischer Feminismus in Deutschland, Bielefeld 2011

Kermani, Navid: Gott ist schön. Das ästhetische Erleben des Koran, München [6]2018

Korn, Lorenz: Geschichte der islamischen Kunst, München 2023

Krämer, Gudrun: Demokratie im Islam. Der Kampf für Toleranz und Freiheit in der arabischen Welt, München [2]2018

LSVD Berlin-Brandenburg (Hg): Muslime unterm Regenbogen, Homosexualität, Migration und Islam, Berlin 2004

Renz, Andreas/Gharaibeh, Mohammad/Middelbeck-Varwick, Anja/Ucar, Bülent (Hg): «Der stets größere Gott». Gottesvorstellungen in Christentum und Islam, Regensburg 2012

Rohe, Mathias: Das Islamische Recht. Geschichte und Gegenwart, München [4]2022

Rudolph, Ulrich: Islamische Philosophie. Von den Anfängen bis zur Gegenwart, München [4]2018

Schiffauer, Werner: Nach dem Islamismus, Berlin 2010

Schneiders, Thorsten Gerald: Islamfeindlichkeit, Wiesbaden 2009

Schneiders, Thorsten Gerald: Islamverherrlichung, Wiesbaden 2010

Wadud, Amina: Inside the Gender Jihad, Oxford 2006

Für den Unterrichtsgebrauch

Badawia, Tarek/Topalović, Said/Tuhčić, Aida: Von einer Phantom-Lehrkraft zum Mister-Islam. Explorative Studie zur Professionalität von Islamlehrkräften an staatlichen Schulen, Weinheim 2023

Bauer, Thomas/Kaddor, Lamya/Strobel, Katja (Hg.): Islamischer Religionsunterricht: Hintergründe, Probleme, Perspektiven, Münster 2003

Kaddor, Lamya/Müller, Rabeya/Behr, Harry Harun (Hrsg.): Saphir 5/6. Religionsbuch für junge Musliminnen und Muslime, 5./6. Schuljahr, München 2008

Kaddor, Lamya/Müller, Rabeya/Behr, Harry Harun (Hrsg.): Saphir 7/8. Religionsbuch für junge Musliminnen und Muslime, 7./8. Schuljahr, München 2011

Kaddor, Lamya/Müller, Rabeya/Behr, Harry Harun (Hrsg.): Saphir 9/10. Religionsbuch für junge Musliminnen und Muslime, 9./10. Schuljahr, München 2017

Khorchide, Mouhanad: Der islamische Religionsunterricht zwischen Integration und Parallelgesellschaft: Einstellungen der islamischen ReligionslehrerInnen an öffentlichen Schulen, Wiesbaden 2009

Schweitzer, Friedrich/Biesinger, Albert/Edelbrock, Anke: Mein Gott – Dein Gott, Weinheim/Basel 2008

Register

Verzeichnis der Koranstellen